입문서의 입문서

중국어 한글로 시작해

홍상욱 지음(Feat. 정연주 아나운서)

동양북스

지은이 홍상욱

북경 중앙민족대학교 민족학과 박사
수원과학대학교 관광비즈니스과 조교수

EBS FM 라디오 중급 중국어 진행 및 집필
前 EBS 니하오 차이나 홍상욱의 삼국지 진행
前 KBS 해피 FM 신속배달 중국어 진행
前 YTN 라디오 신인류 문화기행 중국 진행
前 tbs 교통방송 상쾌한 아침 별난 중국어 진행

〈주요저서〉
입이 트이는 중국어 1-6 〈차이나 하우스〉
실전 항공서비스 중국어 〈다락원〉
신속배달중국어 〈랜덤하우스코리아〉 외 다수

입문서의 입문서

| **초판 인쇄** 2017년 11월 10일 | **지은이** 홍상욱 | **발행인** 김태웅 | **편집장** 강석기 | **책임편집** 양정화 | **디자인** 김효정 | **일러스트** 김문수 |
마케팅 총괄 나재승 | **마케팅** 서재욱, 김귀찬, 이종민, 오승수, 조경현 | **온라인 마케팅** 김철영, 양윤모 | **제작** 현대순 | **총무** 한경숙, 안서현, 최여진, 강아담 | **관리** 김훈희, 이국희, 김승훈, 이규재

발행처 (주)동양북스 | **등록** 제 2014-000055호(2014년 2월 7일) | **주소** 서울특별시 마포구 동교로22길 12 (04030) | **전화** (02)337-1737 |
팩스 (02)334-6624 | http://www.dongyangbooks.com

ISBN 979-11-5768-291-1 13720

ⓒ 홍상욱, 2017

▶ 본 책은 저작권법에 의해 보호를 받는 저작물이므로 무단 전재와 복제를 금합니다.

▶ 잘못된 책은 구입처에서 교환해 드립니다.

이 도서의 국립중앙도서관 출판예정도서목록(CIP)은 서지정보유통지원시스템 홈페이지(http://seoji.nl.go.kr)와 국가자료공동목록시스템(http://www.nl.go.kr/ kolisnet)에서 이용하실 수 있습니다.
(CIP제어번호:CIP2017026526)

이전에 tbs FM(교통방송)의 정연주 아나운서가 진행하던 〈상쾌한 아침〉 프로그램에서 짧은 중국어 코너를 진행한 적이 있습니다. 중국어를 처음 접하는 정연주 아나운서와 청취자들에게 중국어를 배우는 시간을 제공한 것으로, 칠판도 교재도 필기도구도 없고 라디오로 송출되는 음성만으로 중국어 학습이 될까 하는 의문이 있었습니다. 그런데 기우였다는 걸 알게 되기까지 그리 오랜 시간이 걸리지 않았습니다. 오히려 아무것도 없는 게 훨씬 나았습니다. 오로지 귀를 쫑긋 세우고 저를 따라 중국어를 열심히 듣고 씩씩하게 따라 했던 정연주 아나운서는 얼마 지나지 않아 중국어를 자연스럽게 한 마디 두 마디 던지게 되었고 자칭 아나운서계 중국어 고수가 되어 버렸으니까요. 이런 훌륭한(?) 제자의 선생인 제가 중국어책을 만들게 되었는데 그 책이 바로 《중국어 한글로 시작해》입니다. 이 책은 본격적인 중국어학습에 앞서 갖추어야 할 중국어 연습으로, 입문서의 입문서라 할 수 있습니다. 따라서 중국어를 마스터할 수는 없겠지만 중국어는 어렵다는 편견을 한 방에 날려 줄 것입니다. 그러니 여러분들도 정연주 아나운서처럼 귀와 입을 활짝 열기만 하면 됩니다.

혹시 아직도 "중국어 공부해야지!" 하며 책상에 앉아 교재를 펴놓고 교재의 한자를 보면서 한 손에 연필로 연습장에 쓰면서 공부하시나요? 결코, 나쁜 학습법은 아니지만 그 순서를 다시 한번 생각해 보시기 바랍니다.

听说读写 '듣고' '말하고' '읽고' '쓰고'. 무엇이 먼저인지 아시겠죠?

끝으로 이 책을 내는데 아낌없는 격려와 도움을 주신 동양북스 사장님, 책의 구성과 내용 편집에 애써 주신 편집부, 10년이 지나도 변하지 않은 목소리의 정연주 아나운서에게 감사의 마음을 전합니다.

저자 홍상욱

이 책의 구성

QR코드를 찍으면 저자의 팟캐스트 강의와
원어민 mp3를 들을 수 있습니다.
<다운로드: www.dongyangbooks.com>

Part 01

오디오 수다

홍상욱 선생님과
정연주 아나운서의
재기발랄하고 톡톡 튀는
중국어 수다를 먼저 들어보세요.

Tip

꼭 필요한 정보는
족집게 Tip코너에서 확인하세요.

중국어 뒷담화

중국어와 관련된 궁금증만을 골라 쏙쏙~
재미있는 중국어 뒷이야기를 읽어보세요.

Part 02,03,04

오디오 강의
홍상욱 선생님과 정연주 아나운서의
재기발랄하고 톡톡 튀는
중국어 강의를 먼저 들어보세요.

리얼 발음 듣고 표현 따라하기
원어민의 리얼한 발음을 듣고
중국인처럼 흉내 내듯 묘사해 보세요.

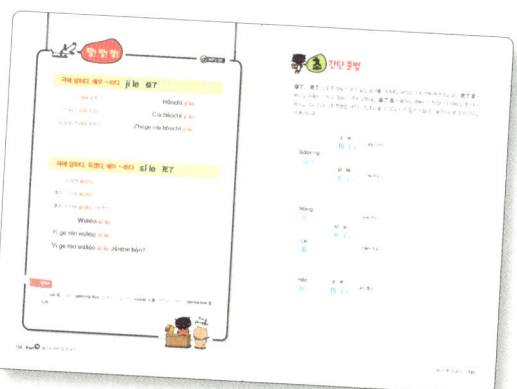

초간단 문법
굳이 알 필요 없지만 꼭 알고 싶다면
초 간단으로 정리된 문법을 보세요.

말말말
확장 말하기 연습하는 코너로
절대 한자를 신경 쓰지 마시고
입으로 중국어를 가지고
놀아주세요.

이야기 한토막
쉬어가기처럼 가볍게 읽고
웃으면서 넘어가세요.

차례

이책의 구성 4
차례 6

Part 01 황금콤비, 한위에 도전하다!

1. 황금콤비, 한위에 도전하다! 10
2. 성조가 어려워? 왜? 14
3. 쥐엔셔, 혀를 말아버려! 20
4. 리듬! 그래, 리듬이야! 24
5. 성조? 뭐가 문제인데? 28

Part 02 한 단어로 말해봐

1. 한 번 해봐! 36
2. 좀 해주세요, 네? 40
3. 올 거야, 말 거야? 44
4. 사랑한다, 친구들 ~ 49
5. 여기? 저기? 도대체 어디?! 54
6. 얼마라고요? 58
7. 며칠이야? 62

이야기 한 토막 67

Part 03 이런 건 기본이지!

1. 친구야~ 별일 없나? 70
2. 반갑습니다! 75
3. 저기, 연세가 어떻게…? 80
4. 쌩유~! 85
5. 어우~ 느끼해! 89
6. 한잔 받으시죠~ 93
7. 야, 타!! 97

이야기 한 토막 101

Part 04 얘들도 이런 말 써?

1. 어휴, 죽겠다!! 104
2. 휴가 땐 어디 갈까? 108
3. 걘 얼굴이 무기야~ 113
4. 누가 언제 뭘 어쨌다고 그래?!! 118
5. 카드로 할게요! 123
6. 영어랑 닮았니, 한국어랑 닮았니? 128

단어 색인 및 스크립트 133

Part 01

황금콤비, 한위에 도전하다!

그 누가 중국어를 어렵다고 했던가!
홍상욱 선생님과 정연주 아나운서의 재미있는
오디오 강의를 듣기만 하면 끝!
중국어 이제 만만하게 도전해 봅시다!

Chapter 01 황금콤비, 한위에 도전하다!

月   日 강의

중국어를 **쭝구어위**라고도 하지만 **한위**가 정식 명칭입니다.

 MP3-01

홍쌤의 수제자인 정연주 아나운서가 이제는 간단한 중국어를 할 줄도, 들을 줄도 알게 되었습니다. 예습과 복습하고는 아주 담을 쌓고 살았는데도 말이죠. 정말 대단하지 않습니까?

"중국어는 저어~언혀 어렵지 않습니다."

저와 정연주 아나운서가 4년 동안 짝꿍을 했으니, 그야말로 '환상의 콤비' 아니겠습니까? 호흡이 착착 잘 맞는 짝을 가리켜서 중국어로 **따당** dādàng 搭档 이라고 합니다. '단짝, 짝꿍' 정도의 뜻이죠. 호흡이 아주 환상적으로 잘 맞아서 눈만 마주쳐도 손발이 척척 맞는 환상의 콤비를 **황진 따당** huángjīn dādàng 黄金搭档 황금콤비 이라고 합니다.

이제부터 여러분이 저의 **황진 따당**이 될 차례입니다!

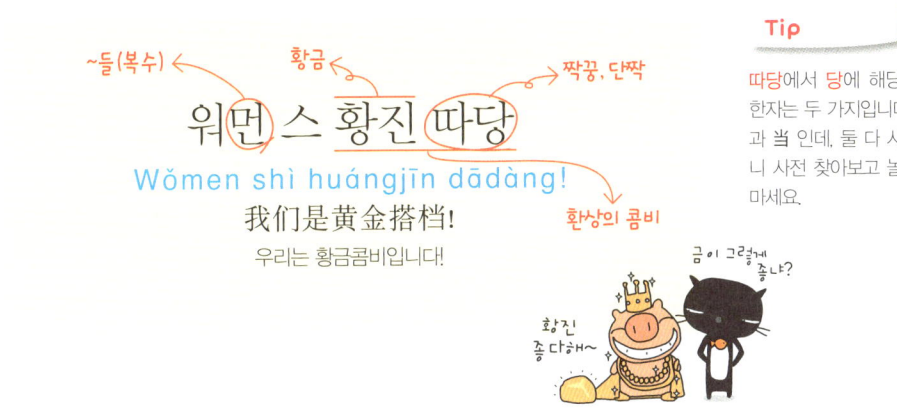

Tip

따당에서 **당**에 해당하는 한자는 두 가지입니다. **档**과 **当** 인데, 둘 다 사용되니 사전 찾아보고 놀라지 마세요.

중국어의 공식명칭은 무엇일까요?

중국을 **쭝구어** Zhōngguó 中国 라고 하니까 중국어도 **쭝**이란 발음이 나올 것 같지만 그렇지 않습니다. 사실 '중국어'라는 뜻으로 **쭝구어위** Zhōngguóyǔ 中国语 라고 해도 중국 사람들은 다 알아듣습니다. 틀린 말은 아니란 거죠.

중국어를 **쭝구어위**라고 명명하는 것을 틀렸다고 볼 수는 없지만, 100% 완전히 맞는다고 할 수도 없습니다. 우리나라는 단일민족 국가로 우리말은 **한구어위** Hánguóyǔ 韩国语 한국어, 단 하나죠. 지방마다 방언이 있기는 하지만, 제주도를 제외하고는 웬만하면 다 알아들을 수 있습니다.

중국이 다민족 국가라는 건 아시죠? 인구의 대다수를 차지하는 **한주** Hànzú 汉族 한족 와 55개 소수민족으로 구성되어 있다고 하는데, 그 많은 민족들이 각자 자신의 언어를 사용합니다. 그 민족들은 여전히 고유한 문화와 전통을 지니고 살아가고 있지만, 동시에 중국 땅에서 살아온 중국인이기 때문에 그들이 사용하는 언어 역시 '중국인이 중국 땅에서 사용하는 중국어'라고 볼 수 있습니다.

Tip

중국의 행정구역은 크게 22개 성과 5개의 소수민족 자치구, 그리고 수도 베이징과 중국 최대의 상업 도시 상하이가 포함된 4개의 직할시, 각각 영국과 포르투갈에서 돌려받은 특별행정구 홍콩과 마카오로 분류됩니다.

우리가 배우는 중국어는 이렇게 많은 민족들 중에서 절대적인 수적 우위(전체 인구의 약 92%)를 차지하는 중국인, 바로 **한주**가 사용하는 말입니다. 그래서 **한위** Hànyǔ 汉语 한어, 중국어 라고 합니다. 앞으로 '중국어 할 줄 알아요' 라는 말을 하고 싶다면, 이렇게 말하세요!

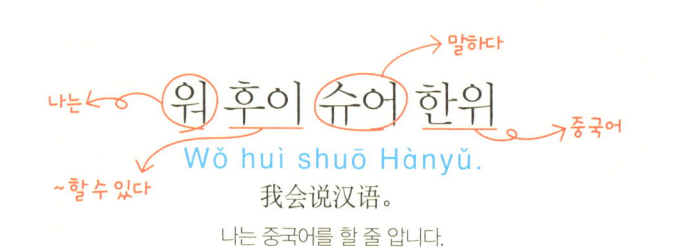

이제 여러분과 저는 **한위**를 공부하는 **따당**입니다. 이 책을 마치고 나면 **워 후이 슈어 한위**라고 자신 있게 말할 수 있을 것입니다. 그때 여러분이 저에게 **워먼 스 황진 따당**이라고 웃으며 말하기를 진심으로 기대해봅니다.

푸통화는 어떻게 만들어진 건가요?

55개 소수민족과 전체 인구의 92%를 차지하는 한족이 함께 살고 있는 중국에는 수천여 종의 언어가 있다고 합니다. 2개 이상의 언어를 가진 소수민족도 있고, 그 언어에서 파생된 방언 또한 엄청나게 많다는 거죠. 그중에는 말만 있어서 한자를 문자로 차용하는 경우도 있고, 조선족이나 몽골족, 위구르족, 카자흐 계열의 민족들처럼 말과 글이 다른 민족도 많습니다.

한 나라 안에서 이렇게 다양한 글과 말이 사용되다 보니 중국 역대 왕조의 가장 중요한 국책 사업 가운데 하나가 언어의 통일이었습니다. 과거로 거슬러 올라가 가장 먼저 통일했던 사람이 진시황이지요. 중국 최초로 영토와 문자를 통일해 중국을 하나로 묶었습니다. 그 후 중앙집권체제를 유지하기 위한 목적으로 관리들의 언어가 통일되었는데, 이것이 흔히 말하는 '만다린 Mandarin', 즉 관리들의 말인 관화를 가리킵니다. 혹자는 '만다린'이란 말이 청대의 만주족 관리를 일컫는 **만따런 Mǎndàrén 满大人** 을 영어로 표기한 것이라고도 합니다.

지금의 **푸통화**는 중국이 근대국가로 나아가면서 약 100년 전에 전국적인 언어와 문자 통일의 필요성을 느껴 만다린을 바탕으로 일반 민중들의 언어와 각 지방의 방언 등을 약간 첨가하여 만든 것입니다. 그후 1945년 중국 공산당 집권 이후 현재의 **푸통화**가 정립되었지요. 중국에서는 **푸통화**를 '베이징어의 음을 표준음으로 하고 북방어를 기초 어휘로 하며 전형적인 현대백화로 쓰인 저작을 문법적인 기준으로 한다'고 정의하고 있으며, 더불어 문자개혁도 추진하여 간체자를 만들었습니다. 베이징어의 음을 표준음으로 삼기는 했지만 현재 중국을 통틀어 가장 정확한 **푸통화**를 구사하는 지역은 베이징이 아니라 동북 3성 지역, 그중에서도 하얼빈이라고 합니다.

Chapter 02 성조가 어려워? 왜?

月　日 강의

중국어에는 음의 높낮이와 길이를 표현하는 '성조'가 있습니다.
성조는 1성, 2성, 3성, 4성과 경성을 포함해 모두 5개입니다.

중국어를 2~3개월 정도 하다가 그만두시는 분들, 참 많죠? 그런 분 중에 '중국어는 발음이 너무 어려워서……'라고 말씀하시는 분들이 대다수입니다.

중국어를 노래하는 것처럼 들리게 하는 것, 그것이 바로 **셩띠아오 shēngdiào 声调**, 즉 '성조'입니다. 이 성조라는 것도 결국은 발음이죠. 발음이 좋지 않으면 말을 전달할 수 없는 것이 사실입니다. 하지만 **성조와 발음을 먼저 익혀야 중국어를 배울 수 있는 게 아니라, 중국어를 배우는 과정에서 성조가 자연스럽게 익혀지는 것입니다.**

중국어를 시작할 때 너무 성조 하나하나에 지나치게 집착하지 않아도 됩니다. 중국어를 모국어로 하는 중국인들조차도 자신들이 하는 말의 성조가 어떤 것인지 제대로 인식하며 하는 사람들은 사실 얼마 안됩니다.

그래도 여러분, 기본은 알아야 하지 않겠습니까? 기본도 모르는 사람이라는 말을 들어서는 안 될 테니까요.

"성조는 알고 있으되, 집착하지는 말자!"

살짝 중국어 음의 높낮이를 한번 체험해 볼까요?

중국에는 모두 5개의 성조가 있습니다.
정식으로 성조는 1성에서부터 4성까지 모두 4개입니다. 그런데, 이 성조가 가끔 자기 자신을 잃어버리고 가볍게 발음되기도 하는데, 이를 경성이라고 합니다. 하지만 원래부터 경성인 글자는 거의 없기 때문에 4성에 포함이 안 되는 거라고 생각하면 이해하기가 좀 쉬울까요?

중국 노래에는 성조가 없습니다. 그럼 뜻을 어떻게 아냐고요? 앞뒤 흐름으로 알곤 하죠. 하지만 애매한 가사일 경우엔? 가사집을 봅니다.

자, 그럼 본격적으로 성조를 연습해봅시다. 먼저 목부터 풀어보세요. 아~, 아~. 준비됐으면 네 가지 성조를 따라 해 볼까요?

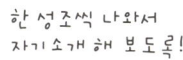

어떻습니까? 네 가지 성조의 높낮이가 명확하게 구분되십니까? 높낮이까지 신경 써야 하나… 어렵다고 생각하고 계신가요? 그럴 필요 전혀 없습니다! 말이라고 하는 것은 하나하나 익혀가면 되는 것이지, 미리 규칙을 알고 풀어가는 것이 아니므로!

참고로 몇 가지 더 알아보겠습니다.

중국어 발음은 영어의 알파벳을 빌려 표기합니다. 이것을 **핀인 拼音** pīnyīn 병음 이라고 하는데, **핀인**을 보면 중국어를 쉽게 읽을 수 있습니다.

위에서 보다시피 성조는 **핀인** 중 운모 위에 표시 하는데, 간혹 **핀인** 위에 아무것도 없는 경우가 있습니다.

> **Tip**
> 병음은 운모(모음) 6개와 성모(자음) 21개로 이루어져 있습니다. 그중 운모는 아 a, 오(어) o, (으)어 e, 이 i, 우 u, 위 ü 입니다.

성조가 없는 건가? 아닙니다. 이게 바로 경성입니다. 발음을 하는 둥 마는 둥 하는 것이 바로 경성의 특징입니다.

마무리로 성조의 높낮이를 한눈에 살펴보겠습니다.

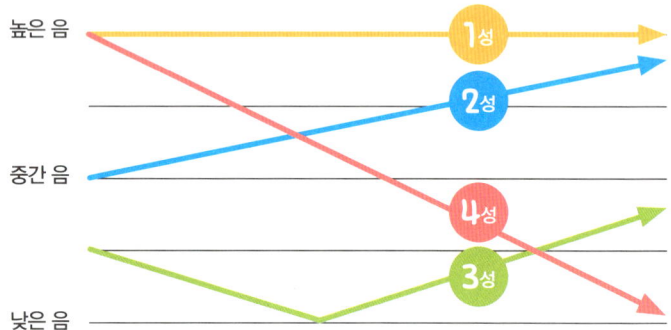

타이완이나 홍콩에서도 성조를 사용하나요? 발음은 어때요?

타이완 Táiwān 台湾 대만 도 중국과 똑같은 **푸통화**를 사용하고 있습니다. **타이완**에서는 **구어위** Guóyǔ 国语 국어 라고 부르지만, **푸통화**나 **구어위**나 어쨌든 둘 다 영어로 '만다린'입니다. 그런데 둘 사이에는 몇 가지 차이점이 있습니다. **구어위**는 경성 사용이 **푸통화**에 비해 제한적이라는 것과 몇 가지 단어의 성조가 다르다는 점, 그리고 아무래도 분단되어 있기 때문에 인터넷 용어 등의 신조어 명칭이 다르다는 점 등을 들 수 있습니다. 그 중에 가장 중요한 차이점으로 **푸통화**는 간체자를, **구어위**는 번체자를 쓴다는 겁니다. 번체자는 우리가 사용하는 한자와 같은 것이죠.

그런데, 홍콩에서 사용하는 말은 발음이 완전히 다릅니다. 광동성 일대에서 사용하는 **광뚱위** Guǎngdōngyǔ 广东语 광동어 입니다. 영어로는 '칸토니즈'라고 하죠. 이 **광뚱위**는 **푸통화**보다 훨씬 많은 성조를 갖고 있습니다. 무려 9성에 달한다는데, **광뚱위** 자체에도 방언이 워낙 많은지라 12성이라고 주장하는 사람도 있고, 어떤 이는 기존의 9성이 다 쓰이지 않고 6성만 활용되고 있다는 얘기도 합니다. 아무튼 이 **광뚱위**는 **푸통화**와는 발음도 완전히 다르고, 어휘도 많이 다릅니다. 중국에서는 방언이라고 말하지만, 피부로 느끼기엔 그 차이가 거의 외국어 수준입니다.

광뚱위는 기본적으로 번체자를 사용합니다. 특기할 만한 건 홍콩에는 홍콩에서만 사용하는 한자가 있다는 겁니다. 대부분의 한자는 같습니다만, **광뚱위** 신문이나 서적, TV 자막을 보다 보면 홍콩에서만 사용하는 한자가 툭툭 튀어 나올 때가 있습니다. 하지만 홍콩과 광동성 일대에도 **푸통화**가 많이 보급되어 있어 의사소통에는 큰 문제가 없다고 합니다.

Chapter 03 쥐엔셔, 혀를 말아버려!

月   日 강의

중국어 발음 중에서 한국인들이 가장 낯설어하는 것은
혀를 말아 발음하는 권설음입니다.
입 모양과 혀의 움직임에 민감하게 신경 쓰세요!

가끔 우리가 중국 사람 흉내 낸다고 혀를 안으로 말고 과하게 오버해서 내는 소리가 있지 않습니까? 이를테면, **"우리 쌰람 잘 모른다 해~"**

그렇게 들리는 이유는 전문용어로 **쥐엔셔인** 卷舌音 juǎnshéyīn 권설음 과 **얼화인** érhuàyīn 儿化音 얼화음 이라는 발음들 때문인데요, 이 발음들은 모두 혀를 입 안으로 말아서 내는 소리입니다.

우리나라에 없는 발음이라 힘드시죠? 연습할 때 잘 안 된다고, 어렵다고 포기하려고 하시는 분! 지역에 따라 권설음을 못하는 중국 현지인도 많습니다! 그러니 우울해하지 마시고, 일단 권설음과 얼화음으로 어떤 것이 있는지 알아봅시다.

얼화음은 일부 명사 뒤에 얼 er 儿 발음이 붙어서 발음상의 변화가 오는 현상으로, 베이징을 중심으로 한 중국 북방지역에서는 습관적으로 얼화음을 붙입니다.

이쯤에서 꼭 알아야 할 중국어 발음 중 우리말 모음에 속하는 '운모'라는 게 있는데, 기본 운모 6개 중 5개 먼저 살펴보겠습니다.

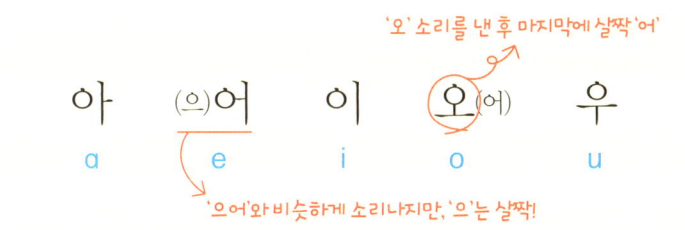

여기서 e와 o를 제외하고는 모두 우리와 큰 차이 없이 소리내면 됩니다. e는 에가 아니라 어로 발음하는데, 우리말에서의 짧은 '어'와 달리, 들어보면 으어하고 길게 발음하는 쪽에 더 가깝습니다. o는 우리말 오보다 입을 더 크게 벌려 오발음 마지막에 살짝 어하고 발음합니다.

그리고 읽을 때 주의가 필요한 마지막 기본 운모 1개가 있습니다.

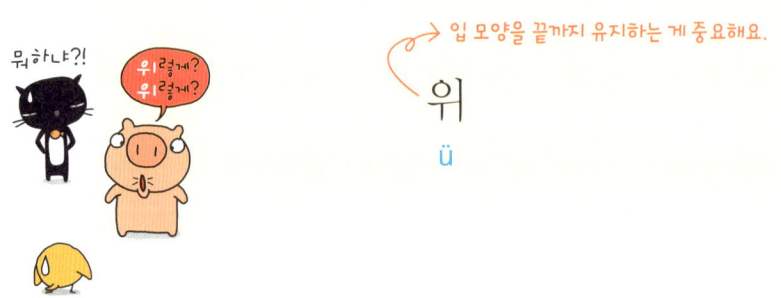

입 모양을 끝까지 유지하는 게 중요해요.

위
ü

ü는 **위**라고 발음합니다. 하지만 이 발음은 우리말 발음하고 좀 다릅니다. 입 모양은 **우**하고 그 상태에서 **위**하고 발음합니다. 여기서 중요한 건 소리가 끝날 때까지 절대 입 모양을 움직이면 안 된다는 것입니다.

별로 어려울 것 없죠? 사실 자음에 해당하는 성모도 그렇습니다. 다만, 읽을 때 주의해야 할 성모가 몇 개 있습니다.

Tip
ü가 성모(자음) 없이 단독으로 쓰이면 yu로 표기하고, 만일 성모(자음) 중 j, q, x와 함께 쓰이면 ü 위에 두 점을 숨기고 ju, qu, xu로 표기합니다.

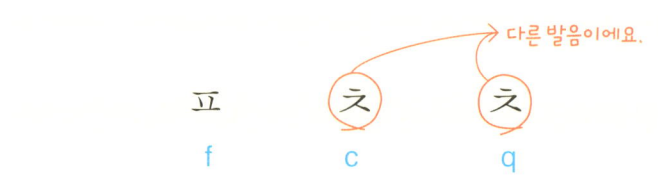

다른 발음이에요.

ㅍ　　ㅊ　　ㅊ
f　　c　　q

f는 영어의 'f'와 비슷한 소리로 윗니로 아랫입술을 살짝 물었다 떼면서 소리 냅니다. c는 혀를 영어의 'z'를 발음할 때와 같은 입 모양을 하고 우리말의 **ㅊ**으로 발음하는 탁한 소리입니다. q도 **ㅊ**으로 발음하지만, c와는 다르게 우리말의 **치**와 비슷한 깨끗한 발음입니다. q가 c와는 다른 발음이라는 것을 차차 알게 될 것입니다.

지엔티즈(간체자)는 우리가 쓰는 한자랑 어떻게 다른가요?

익히 들어서 아시겠지만, 중국과 우리가 쓰는 한자는 약간 차이가 있습니다. 현재 중국에서 사용하고 있는 한자는 1950년 이후 중국 정부가 전 국민의 80%에 달했던 문맹률을 낮추기 위해 획순을 줄여 만든 '개량' 한자인 **지엔티즈 jiǎntǐzi** 简体字 간체자 입니다. 우리가 한글과 병용하는 한자는 예로부터 전해지고 있는 전통 한자인 **판티즈 fántǐzi** 繁体字 번체자 로, 타이완과 홍콩 및 동남아시아 화교권에서 여전히 사용되고 있습니다. 또 이 한자를 읽는데 필요한 발음부호를 중국에서는 알파벳을 이용하여 표기한 병음을 사용하는 반면, 타이완에서는 주음부호라고 하는 중국식 발음부호를 사용합니다. 주음부호는 중국어의 발음만을 위한 발음부호로 따로 배워야 하는 번거로움이 있는 대신 배워두면 정확한 중국어를 발음할 수 있다고 합니다.

그런데, **지엔티즈**는 중국 정부가 없던 것을 새로 만들어낸 창조물이 아닙니다. 어릴 때 서예를 좀 배워보신 분들은 아시겠지만 '초서'라고 해서 한자를 휘갈겨 쓴 듯한 서체가 있지 않습니까? 그렇게 흘려 쓴 서체를 바탕으로 **지엔티즈**를 만들었다고 합니다.

Chapter 04 리듬! 그래, 리듬이야!

月　　日 강의

중국어에는 성조가 있기 때문에 얼핏 노래하는 것처럼
들리기도 합니다. 이 성조를 잘 익히는 방법은
바로 성조의 리듬을 타는 것입니다.

오디오 수다

성조에 대해서 이렇게 긴 시간을 들여 많이 얘기하는 것은 결코 어려워서가 아니라, 많은 학습자들이 해보기도 전에 포기하기 때문입니다. 성조는 중국어 공부를 훨씬 즐겁게 해주는 요소이면서 우리말과 가장 다른 점이기도 합니다. 따라서 포기할 수 없다면 성조에 익숙해지도록 많이 듣고 따라 하는 수밖에 없습니다.
자 그런 의미에서 성조를 재미있게 익힐 수 있는 **탕**시리즈 따라 해 볼까요!

탕 tāng　　탕 táng　　탕 tǎng　　탕 tàng
汤 국　　　糖 설탕　　　躺 눕다　　　烫 뜨겁다, 데다

1성의 **탕**은 '국, 탕, 찌개' 등, 국물이 있는 음식을 가리킵니다. 설렁탕, 곰탕, 해물탕, 미역국, 김치찌개, 된장찌개 등등.

2성의 **탕**은 '설탕, 사탕'입니다. 중국에 길거리 간식으로 유명한 **탕후루** tánghúlu 糖葫芦 라는 설탕물 범벅 과일 꼬치가 있는데 엄청 중독성이 강합니다.

3성의 **탕**은 '드러눕다'란 뜻입니다. 먹고 바로 누우면 어떻게 될까요?! 마지막으로 4성의 **탕**은 '뜨겁다, 데다'라는 뜻입니다. 급하게 **탕** tàng 烫 뜨겁다 한 된장찌개에 입을 **탕** tàng 烫 데다 하지 않도록 조심하세요!

이번엔 뭔가 뜻도 있고, 말도 되는 성조 연습을 해보겠습니다.
굴곡진 인생, 인생의 달고 쓴맛을 모두 다 봤다!

Tip

중국의 대표적인 탕인 **후어구어** huǒguō 火锅 는 '중국식 샤브샤브'라고 할 수 있습니다. 입을 마비시킬 정도의 매운 국물인 **홍탕** hóngtāng 红汤 과, 담백하고 맑은 국물인 **바이탕** báitāng 白汤 에 갖은 야채와 양고기를 살짝 데쳐서 먹는 음식입니다.

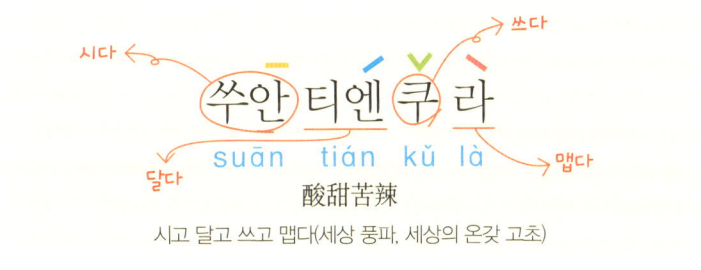

시고 달고 쓰고 맵다(세상 풍파, 세상의 온갖 고초)

쑤안 티엔 쿠 라는 음식을 먹을 때 쓰이는 맛 표현이면서, 동시에 중국의 고사성어로 인생을 논할 때도 쓸 수 있는 표현입니다.

여러분! '바바리코트, 선글라스, 쌍권총과 이쑤시개' 하면, 뭐가 떠오르시나요?

Tip

iong은 위옹과 워옹의 중간 발음입니다.

잉 시옹 번 쎠
yīngxióng běnsè
英雄本色
영웅 본색

← 영웅 → 본래의 면모

바로 홍콩 최고의 누아르 영화, 주윤발과 장국영 주연의 '영웅본색'이지요!

마지막으로 영원한 사랑을 그린 영화 **리우더화** Liú Déhuá 刘德华 유덕화 와 **타이완** Táiwān 台湾 대만 출신의 명배우 **우치엔리엔** Wú Qiànlián 吳倩蓮 오천련 주연의 영화, 천장지구!

Tip

jiǔ의 iu는 원래 iou에서 온 발음이라서 잘 들어보면 **지요우** 또는 **지여우**처럼 들립니다.

티엔 챵 띠 지우
tiān cháng dì jiǔ
天长地久
천장지구(하늘과 땅처럼 영원하다)

이 **티엔 챵 띠 지우**는 중국의 고사성어입니다. 주로 사랑의 영원함에 대한 비유로 많이 쓰이죠. 3성과 4성의 위치가 바뀌어 있긴 하지만 성조를 연습하기엔 무리가 없습니다. 자주 사용하는 고사성어이니 알아두면 좋습니다.

중국의 방언, 얼마나 다른가요?

중국에서 통용되고 있는 언어는 80여 개로, 한족의 방언도 있고, 여러 소수민족의 언어도 모두 방언으로 분류됩니다. 조선족이 사용하는 한글과 우리말도 방언으로 취급하고 있다는 얘기이지요.

그렇다면 한족이 사용하는 **한위** Hànyǔ 汉语 에서 나온 방언이라고 다 알아들을 수 있느냐 묻는다면 대답은 NO! **한위**도 지역에 따라 큰 차이를 보이는데, **베이징** Běijīng 北京 을 중심으로 한 **베이팡위** Běifāngyǔ 北方语, **샹하이** Shànghǎi 上海 를 중심으로 한 **쩌찌앙위** Zhèjiāngyǔ 浙江语, 서남부 일대의 **찌앙시위** Jiāngxīyǔ 江西语, **푸지엔셩** Fújiànshěng 福建省 을 중심으로 한 **민난위** Mǐnnányǔ 闽南语, **광똥셩** Guǎngdōngshěng 广东省 을 중심으로 한 **광똥위** Guǎngdōngyǔ 广东语, 유일하게 지역이 아닌 민족으로 분류되는 **커찌아위** Kèjiāyǔ 客家语 등으로 크게 나뉘는데, 이렇게 나뉜 지역 내에서도 심하게는 마을마다 방언이 다르지만 서로 어느 정도는 알아들을 수는 있다고 합니다. 문제는 커다란 지역과 지역 사이인데, 이들은 외국어라고 생각하는 것이 낫습니다. 실제로 숫자 일, 이, 삼, 사, 오, 육을 각 방언으로는 다음과 같이 말합니다.

푸통화 : 이, 얼, 싼, 쓰, 우, 리우	**광똥위** : 얍, 이, 쌈, 쎄, 응, 록
민난위 : 엣, 지, 삼, 시, 고, 락	**샹하이위** : 이, 랴, 쎄, 쓰, 음, 록

'안녕하세요'를 **푸통화**는 **니 하오**라고 하지요? **광똥위**는 **레이 허우**, **샹하이위**는 **농호**라고 하는데, **샹하이위**는 한자마저 다릅니다. 이렇게 발음도 다르고 심지어는 한자도 다르니, 사실상 언어소통이 불가능합니다. 그래서, 중국에서는 소수민족 언어와 방언을 보전하면서도 전 국민의 언어통합을 위해 **푸통화** 보급에 힘쓰는 이중정책을 시행하고 있습니다.

Chapter 05

성조, 뭐가 문제인데?

성조가 중요한 이유는 바로 동음이의어 때문입니다. 한 글자가 여러 가지 발음과 성조를 동시에 갖는 경우, 같은 발음에 성조만 다르거나 성조까지 똑같은 경우가 많아 성조를 틀리게 발음하면 의미를 잘못 전달하게 됩니다.

 오디오 수다

앞에서 성조에 대해서 너무 집착하지 말자고 했더니, 간혹 그 말을 오해해 '성조? 까짓 거, 대충 해도 돼!'라고 하시는 분들, 이런 생각은 금물입니다! 너무 어려워 말라고 한 건 중국인과 대화하는 도중에 한두 단어의 성조가 틀렸다고 해서 상대가 못 알아듣는 경우는 거의 없기 때문에 마음껏 자신 있게 말하라는 의미입니다. 외국어를 공부할 때 글자의 모양과 뜻, 발음을 알아야 하는 건 기본인 겁니다. 따라서 성조도 발음의 한 구성 요소이니까 당연히 익혀야 합니다.

성조는 왜 그렇게 중요한 걸까요?

중국어는 뜻글자입니다. 그래서 한 글자가 여러 가지 뜻을 갖고 있는 경우가 많아서 성조로 그 뜻을 구별해야 할 때가 많습니다. 또 발음은 같은데 뜻은 다른 동음이의어도 많습니다.

사실 우리말에도 발음이 같아서 음의 길이로 구분하는 경우가 있습니다. 대표적으로 보는 '눈'과 내리는 '눈', 달리는 '말'과 하는 '말'은 음의 길이가 다릅니다. 그렇다고 이 말들의 길이를 길게 혹은 짧게 발음하지 않았다고 해서 못 알아듣는 사람은 없습니다. 사람의 눈이 내리지 않고 내리는 눈은 보지 못하죠? 입 밖으로 나오는 말을 해야지 탈 수는 없는 것 아니겠습니까? 중국어도 마찬가지라고 생각하시면 됩니다. 몇 가지 예를 들어보겠습니다.

같은 발음에 성조만 다른데 뜻이 완전히 다르지요? 이 단어를 문장 안에서 살펴보면 더욱더 성조로 인한 오해가 얼마나 큰지 알 수 있습니다.

Tip

중국에는 만두 종류가 참 많습니다. 만터우 mántou 馒头 는 만두가 아니라 '만두소가 없는 밀가루 찐빵'이고, 빠오즈 bāozi 包子 는 우리나라 분식집에서 파는 왕만두를 생각하면 됩니다. 마지막으로 지아오즈 jiǎozi 饺子, 이게 바로 우리나라식 만두입니다. 찐 건 그냥 지아오즈, 끓인 건 쉐이지아오 水饺, 튀긴 건 지엔지아오 jiānjiǎo 煎饺 라고 부릅니다.

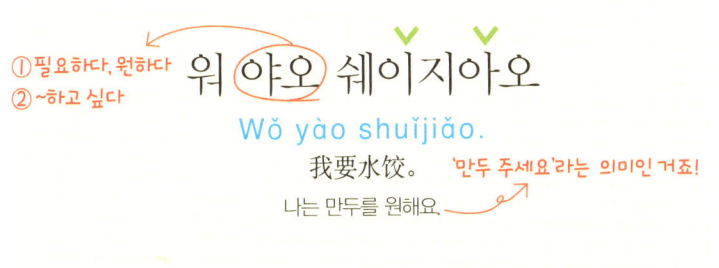

워 야오는 '나는 원한다'라는 뜻으로 음식을 주문하거나 물건을 살 때 많이 쓰는 표현입니다. 그런데 이 '**쉐이지아오**' 성조를 다르게 발음 한다면……

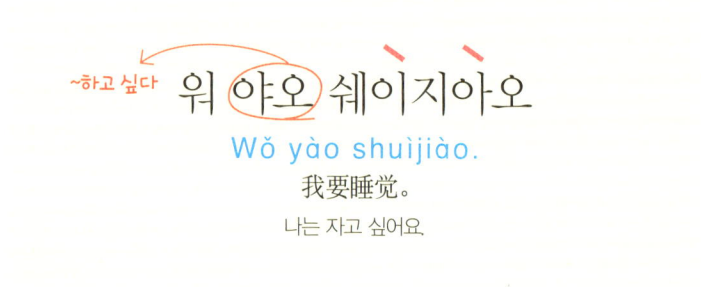

세상에, 만두가게에 가서 종업원한테 한다는 말이 '난 자고 싶다'라니……, 물론 종업원은 **한위**에 서툰 외국인인 당신의 말을 알아듣고 만두를 가져다주었겠지만 자칫 큰 실례가 될 수 있는 상황입니다.

또 다른 예를 들어보겠습니다. 지나가던 사람을 붙잡고 길을 묻습니다.

칭 qǐng 请 은 영어의 'please'와 비슷한 뜻으로 '말씀 좀 묻겠습니다, 실례합니다, 잠시만요' 입니다. **원** wèn 问 은 '물어본다'는 뜻으로, 4성이니까 짧고 강하게 발음해야 합니다. 그런데, 만약 이것을 3성으로 발음하면 뜻이 완전히 바뀝니다.

원 wěn 吻 은 '뽀뽀하다'라는 뜻이거든요. 그러니까 모르는 사람을 붙잡고 **칭원**~이라고 하면 완전히 **삐엔타이** biàntài 변태 취급을 받겠죠. 하지만, 사실 실전에서는 대부분 발음을 잘못한 거라고 생각하고 질문에 대답해줄 것입니다.

마지막으로 한국 사람들이 들었을 때 우리말의 욕처럼 들리는 유명한 중국어 표현이 있지요?

우리는 이 말을 할 때 말꼬리를 올리며 **츠판러마**~하고 중국어 어투를 흉내 내죠. 코미디의 소재로 쓸 만큼 많은 사람들의 입에 회자되곤 합니다. 이때 성조가 틀렸다고 중국인이 뭐라 하던가요? 그렇게 말하기보단 외국인이니 다를 수밖에 없다는 걸 인정합니다.

결국 성조라는 것이 중국어를 배우는 데 중요한 요소이긴 하지만 절대적이지는 않습니다. 대화의 상황이라든가 여러 가지 조건에 따라서 듣는 사람이 알아서 고쳐 듣거나 다시 물어보기 때문에, 조금 틀리는 것은 애교로 봐줄 수 있습니다.

그러니, 여러분에게 지금 가장 필요한 건 바로 자신감입니다!

중국 사람들과 어느 정도 의사소통이 가능하려면 단어를 얼마나 알아야 하나요?

중국 교육부 언어문자관리국에서 발표한 보고서에 따르면, "단어는 1만여 개, 한자는 최대 900자만 알면 90% 이상의 중국어를 읽고 말할 수 있다"고 합니다. 또 한자 581자만 알면 중국어를 70~80%, 900자를 알면 90% 이상 이해할 수 있다고 합니다.

또한 보고서에는 1년간 중국 대중매체에서 사용된 언어를 분석한 결과 대중매체에서 사용되었던 한자는 8,225자, 인터넷이나 신문, TV, 라디오에서 사용한 한자는 5,607자였는데, 이 한자들은 주로 사용되는 상용한자 581자가 중복 사용되고 있어서 581자의 한자를 알 경우 80% 이상 이해할 수 있고, 934자를 알면 90% 이상, 2,315자를 알 경우 99%를 이해할 수 있다고 합니다.

이 수치는 대학교를 졸업한 중국인들의 한자 수준이 2,000자인 것을 감안했을 때 중국 대학생 수준의 언어를 구사할 수 있다는 말이 되기도 합니다.

581자, 결코 많은 숫자는 아닙니다. 여러분이 이 책에서 앞으로 배울 한자들을 세어보면 중국어 학습에 희망이 마구마구 샘솟을 것입니다.

Part 02

한 단어로 말해봐!

일상생활에서 자주 쓰이는 한 단어를 중심으로 다양한 표현들을 익혀봅니다.

Chapter 01 한번 해봐!

月　日 강의

가로로 한 획만 그으면 되는 한 일!
쓰기는 아주 간단하지만 쓰임새가
다양하고 많아서 매우 중요합니다.

오디오 강의

MP3-06

칸 이 칸　kàn yi kàn　看一看　한번 봐봐
→ 보다
① 중첩된 동사(주로 단음절) 사이에 쓰여 '좀~하다'
② 하나, 일

팅 이 팅　tīng yi tīng　听一听　좀 들어봐
→ 듣다

시앙 이 시앙　xiǎng yi xiǎng　想一想　생각 좀 해봐
→ 생각하다

36　Part 02　한 단어로 말해봐!

니 슈어 이 슈어 한위

말하다 → 슈어
한위 → 중국어

Nǐ shuō yi shuō Hànyǔ.
你说一说汉语。

중국어로 한번 (말)해봐.

니 칸칸 쩌거

앞의 글자는 강하게, 뒷글자는 약하고 가볍게 경성으로 발음하는 게 포인트입니다.

쩌거 → 이것

Nǐ kànkan zhège.
你看看这个。

이것을 좀 봐.

Tip
한 글자 동사를 겹쳐 쓰면 yī 一 가 있는 것과 마찬가지로 '~해보다'라는 의미를 갖게 됩니다.

짜이 시앙 이샤

다시 → 짜이
이샤 → ~해보다

Zài xiǎng yíxià.
再想一下。

다시 한번 생각 해봐.

一下에서 一(1성)의 성조는 下 xià (4성)의 영향으로 yí (2성)로 변했습니다.

Tip
'한 일'과 '아래 하'가 합쳐진 이샤 yíxià 一下는 '단시간에, 갑자기'라는 뜻이지만, 이 말이 한 글자 동사 뒤에 붙으면 '~해보다'라는 뜻이 됩니다.

한 권 yì běn 一本

책 한 권	yì běn shū
책 한 권을 보았다.	Kànle yì běn shū.
나는 책 한 권을 보았다.	Wǒ kànle yì běn shū.

한번 yí cì 一次

한번 들었다.	Tīngle yí cì.
녹음을 한번 들었다.	Tīngle yí cì lùyīn.
그는 녹음을 한번 들었니?	Tā tīngle yí cì lùyīn ma?

한 개 yí ge 一个

한 가지 생각하다	xiǎng yí ge
한 가지 방법을 생각하다.	Xiǎng yí ge bànfǎ.
한 가지 방법을 생각해 보자.	Qǐng xiǎng yí ge bànfǎ ba.

Tip

수사(一) + 양사(사람·사물 또는 동작의 단위를 표시하는 품사) 一本 한 권   一次 한번   一个 한 개

단어

책 shū 书 | 녹음, 녹음하다 lùyīn 录音 | 방법 bànfǎ 办法

 간단 문법

'~해보다'라는 표현에는 다음과 같은 세 가지 형식이 있습니다.
동사를 두 번 중첩하거나 그 사이에 一 를 넣거나, 아니면 동사 뒤에 一下 를 붙입니다.

Nǐ	shuōshuo	Hànyǔ!
니	说说	한위
	슈어슈어	
	shuō yi shuō	
	说一说	
	슈어 이 슈어	
	shuō yíxià	
	说一下	
	슈어 이샤	
네가	말해보다	중국어를

Chapter 02 좀 해주세요, 네?

月　日 강의

공손하게 요청하거나 부탁할 때 가장 많이 사용하는 한 단어 칭 qǐng 请 으로 많은 표현을 해 볼 수 있습니다.

##

칭 칸　Qǐng kàn.　请看。 보세요.
→ 보다
① 상대에게 어떤 일을 부탁하거나 권할 때 쓰는 경어
② 초대하다, 한턱내다 ③ 요청하다, 부탁하다

칭 팅　Qǐng tīng.　请听。 들어보세요.
→ 듣다

칭 찐　Qǐng jìn.　请进。 들어오세요.
→ (밖에서 안으로) 들다

① 앉다 ② (교통수단을) 타다
칭 쭈어　Qǐng zuò.　请坐。 앉으세요.

40　Part 02 한 단어로 말해봐!

칭 샤오 덩
약간, 조금, 잠시 / 기다리다
Qǐng shāo děng.
请稍等。
조금 기다려주세요.

칭 게이 워 나거
~에게 …을 주다 / 그것, 저것
Qǐng gěi wǒ nàge.
请给我那个。
저에게 그것을 주세요.

Tip

나거 nàge 那个 는 실제로 발음할 때 네이거 nèige 로 하는 경우가 많습니다. 이는 nàge 那个 가운데 생략된 一가 있는 나이거 nà yí ge 那一个 의 발음이 nèige 가 된 것입니다.

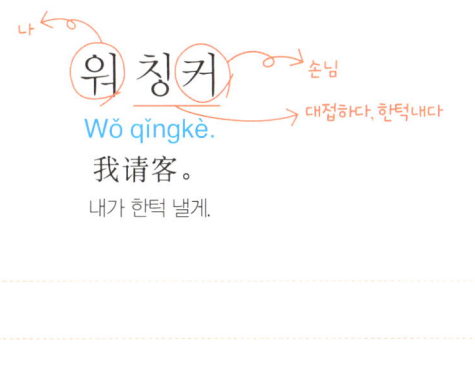

나 / 손님 / 대접하다, 한턱내다
Wǒ qǐngkè.
我请客。
내가 한턱 낼게.

괜찮아요, ~겠어요 hǎo ma 好吗

저에게	주시겠어요?	Qǐng gěi wǒ hǎo ma?
저에게 저것을	주시겠어요?	Qǐng gěi wǒ nàge hǎo ma?
저에게 저것을 보여 주시겠어요?		Qǐng gěi wǒ kànkan nàge hǎo ma?

여기에서 zài zhèr 在这儿

여기에서 담배를 피우다.	Zài zhèr chōuyān.
여기에서 담배를 피우지 마세요.	Búyào zài zhèr chōuyān.
여기에서 담배를 피우시면 안 됩니다.	Qǐng búyào zài zhèr chōuyān.

단어

주다 gěi 给 | 담배를 피우다 chōuyān 抽烟 | ~하지 마라 búyào 不要

请 은 주로 문장 앞에 쓰여 공손함을 표현합니다.

请 은 품사가 동사로서 请 앞에 주어가 오고 뒤에 목적어가 옵니다. 그런데 이때 목적어가 때로는 그 뒤에 따라오는 문장의 주어가 되기도 합니다.

주어	동사	목적어		
주어	동사	목적어이자 주어	동사	목적어
Wǒ 我 워	qǐng 请 칭	nǐ 你 니	chī 吃 츠	fàn. 饭。 판

제가 당신께 식사를 대접하겠습니다.

| | | nǐ.
你。
니 | | |

제가 당신께 대접하겠습니다.

Chapter 03 올 거야, 말 거야?

月　日 강의

라이 lái 来 를 이용하여 긍정문, 부정문, 의문문 등 기본적인 문장의 형식을 표현해 봅니다.

오디오 강의

 MP3-12

→ 앞 과에서 배운 동사 중첩으로 '~해보다'의 뜻이라는 거 잊지 않으셨죠?

라이 라이　Lái lai!　来来! 와봐! 해봐!
　└→ ① 오다

라이 마　Lái ma?　来吗? 오니?
　└→ 오다　　└→ 의문 어기조사

뿌 라이　Bù lái.　不来。 안 와.
　└→ 않다(부정을 나타냄)

라이 부 라이 Lái bu lái? 来不来? 오니 안 오니?

워 라이 Wǒ lái! 我来! 내가 할게!
→ ② 하다. 각종 구체적인 행위를 나타내는 동사를 대신합니다.

Tip
라이 부 라이는 긍정형과 부정형이 겹쳐진 것으로 이 또한 의문문을 만드는 한 형태입니다. 이때 반드시 긍정이 먼저라는 것 잊지 마세요.

Tip

不는 뒤에 4성이 올 경우 2성으로 변합니다. 不는 성조가 변함에 따라 힘이 들어가는 4성은 **뿌**로, 2성은 **부**로 발음됩니다.

밍티엔 타 라이 부 라이 → 그, 그 남자
→ 내일   → 라이 + 뿌 라이
                     긍정   부정

Míngtiān tā lái bù lái?

明天他来不来?

내일 그는 옵니까 안 옵니까?

→ 동사 뒤에 过가 오면 그 동작을 했던 경험이 있다는 것을 나타냅니다.

니 라이 구어 베이징 마

Nǐ láiguo Běijīng ma? → 중국 수도, 북경

你来过北京吗?

너는 베이징에 와본 적 있니?

→ 동사의 실현, 완료를 나타냅니다.
→ 문장 맨 끝에 쓰여, 상의·청유·명령 등의 어기를 나타냅니다.
→ 가다

니 라이 러 마? 워먼 취 츠 판 바

Nǐ lái le ma? Wǒmen qù chī fàn ba. → 밥을 먹다, 식사하다

你来了吗? 我们去吃饭吧。

왔어? 밥 먹으러 가자.

Tip

q에 u가 붙었다면 이 u는 ü 발음이 됩니다. **추**가 아니라 **취**라고 읽어야 한다는 말씀. 변신술에 속지 마세요~!

가다 qù 去

나는 간다.	Wǒ qù.
나는 밥 먹으러 간다.	Wǒ qù chī fàn.
나는 식당에 밥 먹으러 간다.	Wǒ qù fàndiàn chī fàn.

하다 lái 来

내가 할게.	Wǒ lái ba.
내가 살게.	Wǒ lái mǎi ba.
내가 표를 살게.	Wǒ lái mǎi piào ba.

단어

식당 fàndiàn 饭店 | 표 piào 票

간단 문법

중국어의 기본문장구조는 '주어+서술어' 입니다. 부정문은 서술어 앞에 부정부사 **不** 를 넣으면 됩니다.

평서문
주어	서술어	
Wǒ 我 워	lái. 来. 라이	나는 온다. 내가 할게.
Wǒ 我 워	qù. 去. 취	나는 간다.

부정문
주어	不	서술어	
Tā 他 타	bù 不 뿌	lái. 来. 라이	그는 오지 않는다.
Tā 她 타	bú 不 부	qù. 去. 취	그녀는 가지 않는다.

의문문은 문장 끝에 어기조사 **吗** 만 붙이면 평서문이 의문문으로 바뀝니다.

Nǐ 你 니		lái 来 라이	ma? 吗? 마	너는 오니?
Nǐ 你 니	bù 不 뿌	lái 来 라이	ma? 吗? 마	너는 안 오니?

의문문의 두 번째 형태는 우리말과 비슷하게 긍정과 부정을 겹쳐놓으면 됩니다.

Nǐ 你 니	lái 来 라이	bu lái? 不 来? 부 라이	너는 오니 안 오니?
Nǐ 你 니	qù 去 취	bu qù? 不 去? 부 취	너는 가니 안 가니?

Chapter 04 사랑한다, 친구들~

月　日 강의

인칭대명사 뒤에 먼 men 们 이 오면 복수형이 되는데, 이를 응용한 다양한 단어를 익혀봅니다.

오디오 강의

MP3-15

펑요우먼 péngyoumen　朋友们　친구들

워먼 wǒmen　我们　우리들

니먼 nǐmen　你们　너희들, 여러분

04 사랑한다, 친구들~ 49

tāmen 他们

그들

tāmen 她们

그녀들

māmamen 妈妈们

엄마들

bàbamen 爸爸们

아빠들

Wǒmen bú shì péngyou ma?   我们不是朋友吗?

우리 친구 아니니? (우리 친구잖아.)

워먼 스 펑요우

Wǒmen shì péngyou.   我们是朋友。

우리는 친구야.

 듣고 표현 따라하기

① 늙다 ② 오래된, 오랜

워먼 스 라오 펑요우
Wǒmen shì lǎo péngyou.
我们是老朋友。
우리는 오랜 친구야.

오랜친구

모두

타먼 떠우 스 쭝구어 런 마
Tāmen dōu shì Zhōngguó rén ma?
他们都是中国人吗?
그들은 모두 중국인이니?

중국인

Tip

떠우 都 는 부정부사 不 의 위치에 따라 부정하는 범위가 완전히 달라집니다. 예 不都是中国人。 모두 중국인은 아니다. | 都不是中国人。 모두 중국인이 아니다.
"은"과 "이" 의 엄청난 차이를 알 수 있습니다.

가다

밍티엔 워먼 취 샹하이
Míngtiān wǒmen qù Shànghǎi.
明天我们去上海。
내일 우리는 상하이에 가.

내일   상해

당신들 nǐmen 你们

당신들은	간다.	Nǐmen qù.
당신들은	어디로 갑니까?	Nǐmen qù nǎr?
당신들은 밥 먹으러 어디로 갑니까?		Nǐmen qù nǎr chī fàn?

우리들 wǒmen 我们

우리는	간다.	Wǒmen qù.
우리는 타이완에	간다.	Wǒmen qù Táiwān.
우리는 타이완에 여행을 간다.		Wǒmen qù Táiwān lǚyóu.

단어

어디 nǎr 哪儿 | 타이완 Táiwān 台湾 | 여행하다 lǚyóu 旅游

중국어의 문장이 영어와 흡사한 이유는 바로 기본 문장 형식이 '주어+서술어+목적어'의 순이기 때문입니다. 이때 중국어의 be동사는 '~이다 shì 是'입니다.
'A 是 B'는 'A는 B이다'로 주어와 목적어인 명사가 서로 같다는 뜻으로 이어주는 역할을 합니다.

주어	동사	목적어	
Wǒmen 我们 워먼	shì 是 스	lǎo péngyou. 老 朋友。 라오 펑요우	우리는 오랜 친구야.

이때 부정은 是 앞에 부정부사 不 를 붙여 不是 가 됩니다. 문장 끝에 吗 를 붙이면 의문문이 됩니다.

| Wǒmen
我们
워먼 | bú shì
不 是
부 스 | hǎo péngyou
好 朋友
하오 펑요우 | ma?
吗?
마 | 우린 (좋은) 친구 아니니? |

Chapter 05

月　日 강의

여기? 저기? 도대체 어디?!

근거리 및 원거리에 있는 사물 및 장소를 가리키는 대명사와 '~에 있다' 라는 뜻의 짜이 zài 在 와 결합시킨 문장을 배워봅니다.

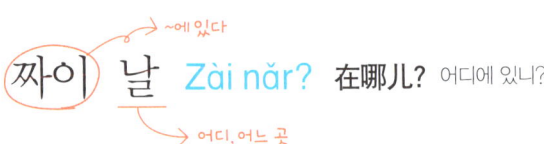

짜이 날　Zài nǎr?　在哪儿?　어디에 있니?
→ ~에 있다
→ 어디, 어느 곳

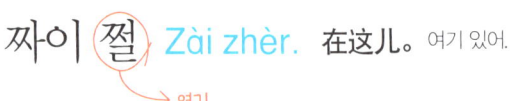

짜이 쩔　Zài zhèr.　在这儿。　여기 있어.
→ 여기

짜이 날　Zài nàr.　在那儿。　저기/거기 있어.
→ 저기/거기

Tip

나리 나리 哪里哪里。 의 또 다른 표현으로 날 아 Nǎr a. 哪儿啊。 도 많이 사용합니다.

나리 나리　Nǎli nǎli.　哪里哪里。　천만에. 별말씀을.
→ 어디, 어느 곳

Part 02 한 단어로 말해봐!

~에 있다

니 짜이 나리(날)

Nǐ zài nǎli(nǎr)?
你在哪里(哪儿)?
너 어디에 있어?

Tip

쩔 zhèr 这儿, 날 nàr 那儿, 날 nǎr 哪儿 은 장소로 '여기' '저기/거기' '어디' 를 나타냅니다. zhè 这, nà 那, nǎ 哪 는 장소를 나타낼 수도 있고 '이거' '저거' '어느' 라는 사물, 사람을 가리키는 말로도 쓰입니다. 이때 거 ge 个 를 붙이면 '이것, 저것, 어느 것'이 됩니다.

워 짜이 쩔(쩌리)

Wǒ zài zhèr(zhèli).
我在这儿(这里)。
나 여기 있어.

이것, 이

쩌 스 워 마마

Zhè shì wǒ māma. 엄마, 어머니
这是我妈妈。
이분은 나의 엄마야.

Tip

워 마마 我妈妈 는 '나의 엄마' 란 뜻이죠. 원래 '~의'란 뜻의 的 를 써서 워 더 마마 我的妈妈 wǒ de māma 라고 해야 하지만 가족을 가리킬 경우 더 的 를 생략할 수 있습니다.

어디 nǎr 哪儿

어디 있니?	Zài nǎr?
여동생이 어디 있니?	Mèimei zài nǎr?
네 여동생이 어디 있니?	Nǐ mèimei zài nǎr?

~에 있다 zài 在

집에 있어.	Zài jiāli.
오빠(형)는 집에 있어.	Gēge zài jiāli.
그의 오빠(형)는 집에 있어.	Tā gēge zài jiāli.

단어

여동생 mèimei 妹妹 | 오빠, 형 gēge 哥哥 | 집 jiā 家 | 안 lǐ 里

간단 문법

'있다' 를 나타내는 대표 글자 **在** 와 **有** 는 문장 안에서 쓰임을 구분해야 합니다.

사람/사물	在	장소	
Tā 他 타	zài 在 짜이	nǎr? 哪儿? 날	(사람/사물)이 (장소)에 있다. 그는 어디에 있어?
Tā 她 타		gōngsī. 公司。 꽁스	그녀는 회사에 있어.

장소	有	사람/사물	
Zhèr 这儿 쩔	yǒu 有 요우	shū. 书。 슈	(장소)에 (사람/사물)이 있다. 여기에 책이 있다.
Nàr 那儿 날	méiyǒu 没有 메이요우	qián. 钱。 치엔	저기에는 돈이 없다.

Bonus!

보통 부정형을 만들 때는 부정부사 **不** 를 붙이는데 **有** 의 부정형은 **不有** 라 하지 않고 **没有** 라고 합니다.

Wǒ méiyǒu qián. 我没有钱。 난 돈 없어.

Chapter 06 얼마라고요?

月　日 강의

중국에 가서 반드시 한번 이상 입에서 터뜨리게 되는 표현 "얼마예요?"와 중국 돈에 대해 알아봅니다.

 MP3-21

뚜어샤오 치엔 　Duōshao qián?　多少钱?　얼마예요?
　　　　↗ 돈
　　↘ 얼마, 몇

마이 똥시 　Mǎi dōngxi.　买东西。 물건을 사다.
　↗ 물건
　↘ 사다

위엔 yuán 元 ＝ 콰이 kuài 块 위안
　　　　　　　　　↘ 회화에서는 '콰이'라고 해요.

Tip
중국 화폐를 우리는 '위안화(￥)'라고 부르는데 실제 발음 위엔과 다르게 발음하는 이유는 한글 외래어표기법에 따르기 때문입니다.

우 콰이 wǔ kuài　五块 5위안　　스 콰이 shí kuài　十块 10위안

듣고 표현 따라하기

워 취 마이 똥시
가다 →
Wǒ qù mǎi dōngxi.
我去买东西。
나는 물건 사러 가.

> 3성으로 말하면 '사다', 4성 마이 mài 卖 로 말하면 '팔다'입니다.

쩌거 뚜어샤오 치엔
→ 이것, 이(사물을 대신 함)
→ 돈
Zhège duōshao qián?
这个多少钱?
이거 얼마예요?

나거 이바이 콰이 치엔
→ 100
저것 →
Nàge yìbǎi kuài qián.
那个一百块钱。
저건 백 위안이에요.

Tip

콰이 块 앞에 숫자를 넣어 금액을 말할 수 있습니다. 따라서 숫자를 먼저 알아야겠죠? 이 yī 一 1. 얼 èr 二 2. 싼 sān 三 3. 쓰 sì 四 4. 우 wǔ 五 5. 리우 liù 六 6. 치 qī 七 7. 빠 bā 八 8. 지우 jiǔ 九 9. 스 shí 十 10. 바이 bǎi 百 백. 치엔 qiān 千 천. 완 wàn 万 만

워 라이 쩌거
의미가 구체적인 동사를 대체하여 '~하다' →
Wǒ lái zhège.
我来这个。
이것으로 할게요.

비싸다 guì 贵

너무 비싸다.	Tài guì le.
이거 너무 비싸요.	Zhège tài guì le.
이거 너무 비싸요, 좀 싸게 해 주세요.	Zhège tài guì le, piányi yìdiǎnr.

사러 가다 qù mǎi 去买

나는   물건을 사러   간다.

나는   물건을 사러 슈퍼마켓에 간다.

나는 매일 물건을 사러 슈퍼마켓에 간다.

Wǒ   qù   mǎi dōngxi.

Wǒ   qù chāoshì mǎi dōngxi.

Wǒ měitiān qù chāoshì mǎi dōngxi.

단어

비싸다 guì 贵 | 너무 ~하다 tài~le 太~了 | 싸다 piányi 便宜 | 조금, 약간 yìdiǎnr 一点儿 | 슈퍼마켓 chāoshì 超市 | 매일, 날마다 měitiān 每天

간단 문법

중국어 문장에서 동작을 나타내는 동사가 두 개 이상 나올 경우에는 반드시 먼저 행해지는 동작이 앞에 나옵니다.

	동사1		동사2		
Wǒ	qù	chāoshì	mǎi	dōngxi.	나는 물건을 사러 슈퍼마켓에 간다.
我	去	超市	买	东西。	
워	취	챠오스	마이	똥시	

이 문장을 **我买东西去超市。** Wǒ mǎi dōngxi qù chāoshì. 라고 하지 않습니다. 슈퍼마켓에 가고 난 후에 물건을 사는 행위가 이루어지기 때문입니다.

만약 **超市**(장소)를 생략하고자 하면 **我去买东西。** Wǒ qù mǎi dōngxi. 라고 하면 됩니다.

	동사1	동사2		
Nǐ	lái	kàn	ma?	너는 보러 오니?
你	来	看	吗?	
니	라이	칸	마	
Wǒ	qù	kàn.		나는 보러 간다.
我	去	看。		
워	취	칸		

Chapter 07 며칠이야?

月　日 강의

숫자를 배우며 알게 되는 요일과 시간에 대해 알아봅니다.

오디오 강의

 MP3-24

싱치 지 → 몇
→ 요일

xīngqī jǐ 星期几 무슨 요일

싱치이 → 1. 일

xīngqīyī 星期一
월요일

싱치얼 → 2. 둘

xīngqī'èr 星期二
화요일

xīngqīsān 星期三

수요일

xīngqīsì 星期四

목요일

Tip

요일 표현에 필요한 숫자 1부터 6까지! 이 yī 一 1, 얼 èr 二 2, 싼 sān 三 3, 쓰 sì 四 4, 우 wǔ 五 5, 리우 liù 六 6. 일요일은 숫자 7이 아닌 티엔 天 입니다.

xīngqīwǔ 星期五

금요일

싱치리우

xīngqīliù 星期六

토요일

xīngqītiān(rì) 星期天(日) 일요일

진티엔 싱치 지
Jīntiān xīngqī jǐ?
今天星期几?
오늘 무슨 요일이니?

→ 오늘
→ 요일 + 몇
→ 몇 요일 → 무슨 요일

Tip
지 几 와 뚜어샤오 多少 모두 뜻은 '몇'인데 쓰임의 차이가 있습니다. 주로 10 이하의 숫자에 대한 물음에는 지 几, 그 이상의 수는 뚜어샤오 多少 를 사용하여 질문합니다.

밍티엔 싱치티엔
Míngtiān xīngqītiān.
明天星期天。
내일은 일요일이야.

→ 내일
→ 일요일

진티엔 지 위에 지 하오
Jīntiān jǐ yuè jǐ hào?
今天几月几号?
오늘 몇 월 며칠이야?

→ 월
→ 날짜를 셀때 '일'에 해당하는 말

Tip
하오 号 는 주로 말할 때, 즉 구어체에 주로 쓰이고, 문서상에서는 르 日 rì 를 많이 씁니다.

씨엔짜이 지 디엔
Xiànzài jǐ diǎn?
现在几点?
지금 몇 시야?

→ 시
→ 지금

몇 duōshao 多少

몇 번인가요?	Shì duōshao?
번호가 몇 번인가요?	Hàomǎ shì duōshao?
핸드폰 번호가 몇 번인가요?	Shǒujī hàomǎ shì duōshao?

몇 jǐ 几

며칠	jǐ hào
몇 월 며칠이야?	Jǐ yuè jǐ hào?
내일은 몇 월 며칠이야?	Míngtiān jǐ yuè jǐ hào?

요일 xīngqī 星期

어제는 월요일이었다.	Zuótiān xīngqīyī.
오늘은 화요일이다.	Jīntiān xīngqī'èr.
내일은 수요일이다.	Míngtiān xīngqīsān.

단어

번호 hàomǎ 号码 | 핸드폰 shǒujī 手机 | 어제 zuótiān 昨天

 간단 문법

명사술어문은 동사 是(~이다) 없이 명사가 그대로 술어가 되는 문형을 말합니다.

오늘은 화요일입니다.

내일은 8일입니다.

지금 2시 40분입니다.

 comment

량 两 은 수량을 나타낼 때 사용합니다. 二 과 两 의 쓰임이 헷갈린다면 양사 앞에서는 '两'을 쓴다고 기억하시면 됩니다. 단, 12 十二 와 20 二十 는 뒤에 양사가 있어도 '二'로 쓰입니다. 잊지 마세요.

Bonus!

명사나 명사구, 수량사 등이 술어가 되는 문장을 **명사술어문** 이라고 합니다. 주로 요일, 날짜, 시간, 나이, 날씨, 국적 등을 나타낼 때 사용하며, 이때 동사 是 를 생략하게 됩니다.

이야기 한토막

'맛'을 이용한 재미있는 표현~

한여름이 되면 시원시원(?)하게 입은 여성분들을 어디서든 볼 수 있습니다. 슬리브리스 탑에 핫팬츠를 입은 발랄한 아가씨들이 뜨거운 여름을 더 뜨겁게 달구어서, 남성분들이 시선을 어디에 둬야 할지 모를 정도죠! 어르신들께서는 혀를 차시지만 신세대 여성분들은 쳐다보는 남자들이 이상한 거 아니냐며 당당하게 입고 다니죠. 아무튼, 이렇게 섹시하고 당당한 여성들을 보고 '화끈하다'라고 표현하기도 하지 않습니까? 영어권에서도 She is hot! 이라고 표현하죠. 중국어도 그렇습니다. '맵다'라는 뜻의 라 辣 에, 여동생을 뜻하는 메이 妹 를 합쳐서 라메이 làmèi 辣妹 라고 합니다. 그런데, 이 어원으로 생각되는 말이 참 재미있습니다! 일설에는 빅토리아 베컴이 활동했던 영국의 여성 팝그룹 스파이스 걸스 Spice Girls 를 중국어로 辣妹 로 부른 데서 이 말이 시작되었다고 하네요!

여름에는 냉면 참 많이 먹습니다. 시원하고 새콤달콤한 것이 여름에 입맛이 없을 때 먹기엔 최고죠. 그런데, 만일 중국 친구와 함께 식당에 냉면 먹으러 가서 먹는 법 가르쳐 줄 때는 '식초를 먹는다'고 하지 말고, '넣는다'고 말하세요. 무슨 소리냐구요? '식초를 먹다'라는 뜻의 중국어 츠추 chīcù 吃醋 는 사실 '질투하다, 시샘하다'라는 뜻으로 쓰입니다. 그래서 吃 대신에 '넣다'라는 뜻의 팡 fàng 放 을 사용하지요.

吃가 나왔으니 하나 더 보자면, 츠쿠 chīkǔ 吃苦 는 '고생하다'라는 뜻입니다. 苦 는 '쓰다'지요. 쓴 것을 먹으려면 얼마나 고생(苦生)이 많겠습니까? 괄호 안에 있는 한자를 보면 알겠지만, '고생'이라고 할 때 한자가 '쓸 고'자입니다. 그래서 吃苦. 고생해서 일을 다 마치고 나면 주변 사람들이 수고했다고 격려해주지요? 그럴 때는 씬쿠 xīnkǔ 辛苦 라고 합니다. '매울 신'자에 '쓸 고'자를 써서 '맵고 쓰다'.

씬쿠러 Xīnkǔ le! 辛苦了! 수고하셨습니다!
씬쿠, 씬쿠 Xīnkǔ xīnkǔ! 辛苦, 辛苦! 수고하세요!

Part 03

이런 건 기본이지!

기본이지만 생생하게 살아 있는 진짜 표현을 익혀
기초 생활 표현이 입에 배일 수 있도록 합니다.

Chapter 01

月　日 강의

친구야~ 별일 없나?

다양한 인사말을 배워 상황에 맞게 멋진 안부를 물을 수 있도록 합니다.

MP3-27

니 하오

Nǐ hǎo!　你好!

안녕하세요! 안녕!

Tip

인사말 니 하오 你好! 안녕! 와 니 하오 마 你好 吗? 잘 지내지? 는 쓰임의 차이가 있습니다. 니 하오 你好! 는 가장 일상적인 인사말인 반면 니 하오 마 你好吗? 는 오랜만에 만난 상대의 안부를 묻거나 한동안 몸이 좋지 않았던 상대에게 현재는 어떤지를 묻는 말입니다.

니 하오 마

→ 의문문을 만들 때

Nǐ hǎo ma?　你好吗?

안녕하십니까? 잘 지내니?

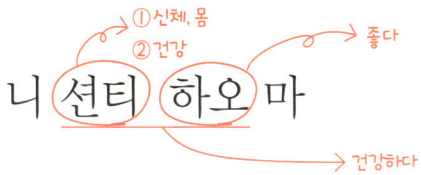

Nǐ shēntǐ hǎo ma? 你身体好吗?

건강하십니까?

Hěn hǎo. 很好。 좋아. 잘 지내.

*여기서는 아무 의미 없어요.

Tip
만일 정말로 매우! 잘 지낸다고 얘기하고 싶다면 헌하오 很好 를 반복해서 '很好, 很好'라고 말하면 됩니다.

뿌 하오 **Bù hǎo.** 不好。 좋지 않아. 별로야.

Chī fàn le ma? 吃饭了吗?

밥은 먹었어?

Zàijiàn! 再见!

또 만나! 잘 개 안녕!

Tip
하오 好 의 2가지 뜻 '좋다'와 '매우' 모두 정말 자주 쓰이니 꼭 기억하세요!

건강하다 shēntǐ hǎo 身体好

	건강하니?		Shēntǐ hǎo ma?
너는	건강하니?	Nǐ	shēntǐ hǎo ma?
너희 부모님은	건강하시니?	Nǐ fùmǔ	shēntǐ hǎo ma?

먹다 chī 吃

	밥 먹었어?		Chī fàn le ma?
너는	밥 먹었니?	Nǐ chī	fàn le ma?
너는 점심	먹었니?	Nǐ chī	wǔfàn le ma?

단어

건강, 신체 shēntǐ 身体 | 부모님 fùmǔ 父母 | 점심 wǔfàn 午饭

很 은 부사로 '매우, 무척'의 뜻이 있습니다. 하지만 때로는 습관적으로 1음절 형용사 앞에 쓰여 정도와 상관없이 붙이기도 합니다.

Hěn hǎo.
很 好。   좋습니다. 잘 지냅니다.
헌 하오

呢 는 吗 처럼 의문문을 만드는 조사인데 그 성격이 조금 다릅니다. 우리말의 '～는?'에 해당합니다.

Nǐ hǎo ma?
你 好 吗?   잘 지냈어?
니 하오 마

Hěn hǎo, nǐ ne?
很 好, 你 呢(你好吗)?   잘 지냈어, 너는 (잘 지내)?
헌 하오 니 너

Chī fàn le ma?
吃 饭 了 吗?   밥 먹었어?
츠 판 러 마

Wǒ chī le, nǐ ne?
我 吃 了, 你 呢(吃饭了吗)?   나는 먹었어, 너는 (밥 먹었니)?
워 츠 러 니 너

Chapter 02 반갑습니다!

月　日 강의

처음 만난 사람과 할 수 있는
인사 표현들을 차근차근 익혀봅니다.

오디오 강의

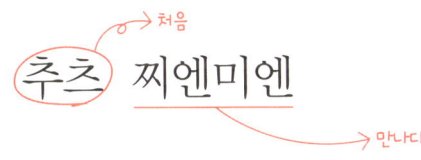

Chūcì jiànmiàn.　初次见面。

처음 뵙겠습니다.

Hěn gāoxìng.　很高兴。

정말 기뻐요. 반갑습니다.

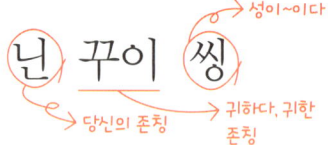

Nín guì xìng? 您贵姓?

성함이 어떻게 되세요?

Wǒ xìng Hóng. 我姓洪。

저는 홍씨입니다.

Tip

처음 만나는 자리나 어른에게 닌 꾸이 씽 您贵姓? 으로 묻는 것은 실례가 되지 않지만 니 찌아오 션머 밍쯔 你叫什么名字? 는 무례하게 들릴 수 있으니 주의해야 합니다.

니 찌아오 션머 밍쯔

Nǐ jiào shénme míngzì? 你叫什么名字?

당신의 이름은 무엇인가요?

찌엔따오 니 헌 까오씽
매우
만났다
Jiàndào nǐ hěn gāoxìng.
기쁘다, 반갑다
见到你很高兴。
만나뵙게 되어 반갑습니다.

런스 니 헌 까오씽
알다, 인식하다
Rènshi nǐ hěn gāoxìng.
认识你很高兴。
당신을 알게 되어 기쁩니다.

Tip

지엔따오 니 헌 까오씽 见到你 很高兴。런스 니 헌 까오씽 认识你 很高兴。이 두 문장은 很高兴 见到你。很高兴 认识你。이렇게 어순을 바꾸어도 괜찮습니다.

추츠 찌엔미엔, 지우양 지우양
만나다
처음
Chūcì jiànmiàn, jiǔyǎng jiǔyǎng!
初次见面，久仰久仰！
존경해온 지 오래입니다.
(만났을 때 쓰는 형식적인 말투)
처음 뵙겠습니다. 말씀 많이 들었습니다!

워 찌아오 홍가을
부르다,
~로 불리다
Wǒ jiào 홍가을.
我叫홍가을.
제 이름은 홍가을입니다.

부르다 jiào 叫

뭐라고 불러?	Jiào shénme ne?
내가 너를 뭐라고 부를까?	Wǒ jiào nǐ shénme ne?
내가 너를 뭐라고 불러야 좋을까?	Wǒ jiào nǐ shénme hǎo ne?

기쁘다 gāoxìng 高兴

매우 기뻐요.	Hěn gāoxìng.
당신을 만나게 되어 매우 기뻐요.	Jiàndào nǐ hěn gāoxìng.
당신을 만나게 되어 저도 매우 기뻐요.	Jiàndào nǐ wǒ yě hěn gāoxìng.

단어

무엇 shénme 什么 | ~도 yě 也

 간단 문법

중국어에서는 하나의 단어가 다양한 품사 기능을 갖고 있습니다. 여기서는 명사도 되고 동사도 되는 **姓** 을 살펴봅니다.

| Nín 您 닌 | guì 贵 꾸이 | xìng? 姓(명사)? 씽 | 성함이 어떻게 되세요? |

| Nín 您 닌 | xìng 姓(동사) 씽 | shénme? 什么? 션머 | 무슨 성을 쓰십니까? |

| Wǒ 我 워 | xìng 姓(동사) 씽 | Hóng. 洪。 홍 | 제 성은 홍입니다. |

Chapter 03 저기, 연세가 어떻게…?

月　日 강의

호칭은 상대방의 나이와 성별에 맞게 쓰입니다. 호칭과 더불어 나이 묻기를 배워봅시다.

오디오 강의

MP3-33

홍 씨엔셩　**Hóng xiānsheng**　洪先生　Mr. 홍　홍 선생님
→ 선생님, Mr.

띵 시아오지에　**Dīng xiǎojiě**　丁小姐　Miss 정　정 양
→ 양, Miss.

띵 타이타이　**Dīng tàitai**　丁太太　정 여사
→ 여사, 부인
　아주머니, 아줌마

Jǐ suì? 几岁?

몇 살이니?

진니엔 뚜어 따?

Jīnnián duō dà? 今年多大?

올해 몇 살이에요?

진니엔 뚜어 따 쑤이슈

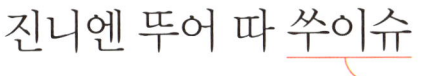

Jīnnián duō dà suìshù? 今年多大岁数?

올해 연세가 어떻게 되세요?

리얼발음 듣고 표현 따라하기

Tip
중국어에서 너무나도 다양한 용법으로 학습자가 어려움을 겪는 단어 중 하나가 바로 了 입니다. 그중 명사 뒤에 了 가 오면 '그 명사가 되었다'로 변화가 이미 완료되었음을 뜻합니다.
一年了。 일년이 되었다.

닌 진니엔 뚜어 따 니엔지 러
Nín jīnnián duō dà niánjì le?
您今年多大年纪了?
올해 연세가 어떻게 되세요?

→ 연세
→ 변화를 나타냄. ~이 되다

워 진니엔 치스싼 러
Wǒ jīnnián qīshísān le.
我今年七十三了。
나는 올해 일흔셋이오.

→ 73, 일흔셋

Tip
12간지
슈 shǔ 鼠 쥐, 니우 niú 牛 소, 후 hǔ 虎 호랑이, 투 tù 兔 토끼, 롱 lóng 龙 용, 셔 shé 蛇 뱀, 마 mǎ 马 말, 양 yáng 羊 양, 허우 hóu 猴 원숭이, 지 jī 鸡 닭, 거우 gǒu 狗 개, 쥬 zhū 猪 돼지

① ~띠이다
② ~에 속하다

니 진니엔 뚜어 따, 슈 션머
Nǐ jīnnián duō dà, shǔ shénme?
你今年多大，属什么?
너 올해 몇 살이니, 무슨 띠야?

→ 무엇

~띠이다 shǔ 属

나는 쥐 띠입니다.	Wǒ shǔ shǔ.
나는 소 띠입니다.	Wǒ shǔ niú.
나는 호랑이 띠입니다.	Wǒ shǔ hǔ.
나는 토끼 띠입니다.	Wǒ shǔ tù.
나는 용 띠입니다.	Wǒ shǔ lóng.
나는 뱀 띠입니다.	Wǒ shǔ shé.
나는 말 띠입니다.	Wǒ shǔ mǎ.
나는 양 띠입니다.	Wǒ shǔ yáng.
나는 원숭이 띠입니다.	Wǒ shǔ hóu.
나는 닭 띠입니다.	Wǒ shǔ jī.
나는 개 띠입니다.	Wǒ shǔ gǒu.
나는 돼지 띠입니다.	Wǒ shǔ zhū.

단어

쥐 shǔ 鼠 | 소 niú 牛 | 호랑이 hǔ 虎 | 토끼 tù 兔 | 용 lóng 龙 | 뱀 shé 蛇 | 말 mǎ 马 | 양 yáng 羊 | 원숭이 hóu 猴 | 닭 jī 鸡 | 개 gǒu 狗 | 돼지 zhū 猪

 간단 문법

'많다'도 되고 '얼마'도 되는 **多**의 쓰임을 문장에서 살펴봅니다.

多는 양이 '많다'는 뜻을 가지고 있습니다.

Zhège hěn　　duō.
这个 很　　多。
쩌거 헌　　뚜어

이것은 매우 많다.

多는 '얼마, 몇'이라는 뜻의 의문사가 되기도 합니다.

Tā　　duō　　dà?
他　　多　　大?
타　　뚜어　　따

그는 몇 살이니?

Nǐ　　duō　　gāo?
你　　多　　高?
니　　뚜어　　까오

너는 키가 몇이야?

Bonus!

多 얼마(나) 大 크다, 얼마나 크다는 말이 나이를 묻는 말로 그 뜻이 확대된 것이며,
多 얼마(나) 高 높다, 얼마나 높다는 말이 키를 묻는 말로 그 뜻이 확대된 것입니다.

Chapter 04 쌩유~!

月 日 강의

일상생활에 반드시 알아야 할 표현들이 있습니다. 감사와 겸양 및 사과의 표현을 배웁니다.

오디오 강의

MP3-36

씨에시에 Xièxie. 谢谢。 감사합니다.

부 커치 Bú kèqi. 不客气。 별말씀을요, 뭘요.
- ① 사양하다, 겸손하다
- ② 공손하다, 친절하다
- ~하지 마세요

뿌 하오이스 Bù hǎoyìsi. 不好意思。 미안합니다.
- ① 부끄럽다, 쑥스럽다
- ② 난처하다, 미안하다

메이 꽌시 Méi guānxi. 没关系。 상관 없어요, 괜찮아요.
- 없다, 没有의 줄임말
- 관계, 연관

Tip

중국어 발음에는 된소리(ㄲ, ㄸ, ㅃ, ㅆ, ㅉ)가 없습니다. xièxie 발음부호를 보면 성조만 다를 뿐 발음은 같습니다. 그러나 발음할 때 우리의 된소리를 활용하면 좀 더 정확한 발음이 됩니다.
씨에씨에(X) 시에시에(X)
씨에시에(O)

Tip

같은 발음부호도 성모(자음) b, d, g, j, x 뒤에 결합되는 운모(모음)가 1, 4 성이면 된소리를 2, 3, 경성이면 예사소리를 내면 좀 더 정확한 발음이 됩니다. 빠바 bàba 爸爸, 간씨에 gǎnxiè 感谢

페이챵 간씨에
대단히, 매우, 무척 → Fēicháng gǎnxiè. ← 고맙다, 감사하다, 고맙게 여기다
非常感谢。
대단히 감사합니다.

부 씨에
Bú xiè. ① 감사하다 ② 사양하다
不谢。
아닙니다.

부용 씨에
~할필요 없다
Búyòng xiè.
不用谢。
감사하긴요.

Tip

对 의 발음은 원래 duei 에서 온 것이므로 뚜에이 를 빨리 읽으면 정확한 발음이 됩니다.

뚜이부치
Duìbuqǐ.
对不起。
미안합니다(죄송합니다).

① 일, 사건 ② 사고 ③ 직업
메이 셜
Méi shìr.
没事儿。
괜찮습니다.

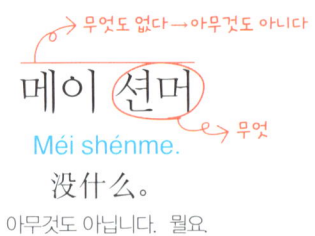

무엇도 없다 → 아무것도 아니다
메이 션머
Méi shénme. → 무엇
没什么。
아무것도 아닙니다. 뭘요.

감사합니다　gǎnxiè　感谢

	정말 감사합니다.	Fēicháng gǎnxiè.
당신께	정말 감사드립니다.	Fēicháng gǎnxiè nín.
당신의 도움에 정말	감사드립니다.	Fēicháng gǎnxiè nín de bāngzhù.

~할 필요 없다　búyòng　不用

고마워할 필요 없습니다.　　　Búyòng xiè.

제게 고마워할 필요 없습니다.　　Búyòng xiè wǒ.

당신은 제게 고마워할 필요 없습니다.　Nín búyòng xiè wǒ.

단어

~의(관형어 뒤에 쓰여, 관형어와 중심어 사이가 종속 관계임을 나타냄) de 的 | 돕다, 도움 bāngzhù 帮助

没什么 는 의문사 什么 가 있기 때문에 의문문으로 생각할 수 있습니다. 그러나 여기서 什么 는 의문사가 아니라 일반대명사 '무엇' 이 됩니다.

문장 속 일반대명사 '무엇'으로 쓰인 **什么**

Méi shénme hǎo shuō de.
没 什么 好 说 的。
메이 션머 하오 슈어 더

뭐라고 할 말이 없다.

문장 속 의문사 '무엇'으로 쓰인 **什么**

Nǐ mǎi shénme?
你 买 什么?
니 마이 션머

너는 무엇을 사니?

Chapter 05 어우~느끼해!

月　日 강의

내 입맛에 맞는 음식을 찾으려면 맛을 표현할 줄 알아야 합니다. 맛에 관한 표현을 배워 봅니다.

오디오 강의

MP3-39

쑤안 티엔 쿠 라　suān tián kǔ là　酸甜苦辣　시고 달고 쓰고 맵다
- 시다 / 달다 / 쓰다 / 맵다
- 사자성어로 세상 풍파, 온갖 고초, 인생의 희로애락을 논할때도 쓰입니다.

요우니　yóunì　油腻　느끼하다
- 기름
- 느끼하다, 기름지다

요우디얼 티엔　Yǒudiǎnr tián.　有点儿甜。 좀 달다.
- 조금, 약간(부사)

요우디얼 쑤안　Yǒudiǎnr suān.　有点儿酸。 좀 시다.

쩌거 차이 요우디얼 시엔
Zhège cài yǒudiǎnr xián.
这个菜有点儿咸。
이 요리는 좀 짜다.

- 차이 → 요리, 음식
- 시엔 → 짜다

쩌거 부 라, 야오 라 이디얼
Zhège bú là, yào là yìdiǎnr.
这个不辣，要辣一点儿。
이건 맵지 않아요, 좀 맵길 원해요.

- 야오 → ~하길 원하다
- 이디얼 → 조금
- 조금 맵길 원해요. → 좀 맵게 해 주세요.

타이 딴 러, 칭 게이 워 이디얼 찌앙요우
Tài dàn le, qǐng gěi wǒ yìdiǎnr jiàngyóu.
太淡了，请给我一点儿酱油。
너무 싱거워요, 간장 좀 주세요.

- 타이 → 너무, 매우
- 딴 → 싱겁다
- 찌앙요우 → 간장

Tip
太 를 쓸 때는 뒤에 了가 나옵니다. 꼭 와야 하는 건 아니지만 일반적으로 그렇게 쓰입니다.
太好了。 아주 좋다.

짜다 xián 咸

너무 짜요.

이 요리는 너무 짜요.

이 요리는 너무 짜요. 좀 싱거운 걸로 해 주세요.

Tài xián le.

Zhège cài tài xián le.

Zhège cài tài xián le, yào dàn yìdiǎnr de.

싱겁다 dàn 淡

조금 싱겁게	dàn yìdiǎnr
조금 싱겁게 드세요.	Chī dàn yìdiǎnr de.
조금 싱겁게 드시는 게 좋아요.	Chī dàn yìdiǎnr de hǎo.

有点儿 과 一点儿 은 의미상으로는 '조금' '약간' 으로 뜻은 같지만, 문장에서 쓰이는 위치와 어감이 다릅니다.

有点儿 + 서술어 (주로 불만족스러움을 표현)

Zhège	chá		kǔ.	
这个	茶	yǒudiǎnr	苦。	이 차는 좀 씁니다.
쩌거	차	有点儿	쿠	
Zhè jiàn	yīfu	요우디얼	dà.	
这件	衣服		大。	이 옷은 좀 큽니다.
쩌 찌엔	이푸		따	

一点儿 이 명사를 수식할 때는 명사의 앞에, 동사나 형용사를 보충하거나 수식할 때는 그 뒤에 위치한다는 점에 주의해야 합니다. 말할 때 특히 실수를 많이 하는 부분이니 많이 연습하시기 바랍니다.

Qǐng gěi wǒ	yìdiǎnr	jiàngyóu.	
请 给 我	一点儿	酱油。	간장 좀 주세요.
칭 게이 워	이디얼	찌앙요우	
Yào	là	yìdiǎnr.	
要	辣	一点儿。	좀 맵길 원해요.
야오	라	이디얼	

Chapter 06 한잔 받으시죠~

月　日 강의

술자리에서 쓰이는 표현들과 술 마시지 말라는 금지의 문장도 함께 배워봅니다.

오디오 강의

깐 뻬이 Gān bēi! 干杯! 건배!

- 깐 → 잔, 컵
- 뻬이 → ① 건조하다, 마르다 ② 일을 하다

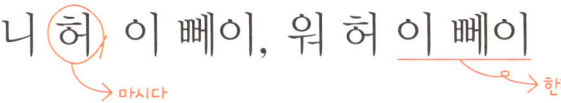

니 허 이 뻬이, 워 허 이 뻬이
- 허 → 마시다
- 뻬이 → 한잔

Nǐ hē yì bēi, wǒ hē yì bēi. 你喝一杯，我喝一杯。
너 한잔 마시고, 나 한잔 마시고.

Tip

중국 사람들과의 술자리에서 그 자리에 맞는 한마디를 멋지게 던져 보세요. **지우 펑 즈지 치엔 뻬이 샤오 Jiǔ féng zhījǐ qiān bēi shǎo. 酒逢知己千杯少。** 마음이 통하는 친구와는 천 잔의 술도 부족하다. 멋진 건배사는 묻지도 따지지도 말고 일단 외웁시다!

니먼 허 션머 지우
Nǐmen hē shénme jiǔ?
무엇 → 你们喝什么酒? ← 술
너희들 무슨 술 마시니?

Tip
술 종류로는 피지우 píjiǔ 啤酒 맥주, 홍지우 hóngjiǔ 红酒 와인, 바이지우 báijiǔ 白酒 백주 또는 고량주, 고량주를 바이깔 báigānr 白干儿 이라고도 합니다. 우리가 흔히 말하는 '빼갈' 이 이것입니다.

니 부야오 허 지우 러
~하지 마라 → Nǐ búyào hē jiǔ le.
你不要喝酒了。
술 마시지 마(그만 마셔).

Tip
부야오와 같은 말로 비에 bié 别 가 있습니다. 别에 뒤에 동사만 넣으면 간단하게 금지의 문장을 만들 수 있습니다.
비에 취 Bié qù. 别去。 가지 마. 비에 칸. Bié kàn. 别看。 보지 마.

~하지 마라
비에 허 지우 러
Bié hē jiǔ le.
别喝酒了。
술 마시지 마.

Tip
중국 하이난 海南 에 주로 많이 살고 있는 리(黎) 족은 우리가 찌개를 같이 먹듯이 술을 마실 때 모두 모여 술통에 빨대를 꽂고 빨아 마신다고 합니다.

(술·음식·담배·차 따위를) 공손하게 올리다
워 찡 닌 이 뻬이 지우
Wǒ jìng nín yì bēi jiǔ.
我敬您一杯酒。
당신께 술 한잔 올릴게요.

마시다　hē　喝

고량주를 마시다.	Hē báijiǔ.
중국 고량주를 마시다.	Hē Zhōngguó báijiǔ.
난 중국 고량주 마시는 걸 좋아해.	Wǒ xǐhuan hē Zhōngguó báijiǔ.

~하지 마라　búyào　不要

술 마시지 마.

술 더 마시지 마.

너 이미 취했어, 술 더 마시지 마.

Búyào hē jiǔ le.

Búyào zài hē jiǔ le.

Nǐ yǐjīng hē zuì le, búyào zài hē jiǔ le.

단어

좋아하다 xǐhuan 喜欢 | 다시, 다시는 zài 再 | 이미, 벌써 yǐjīng 已经 | 취하다 zuì 醉

 간단 문법

不要 와 別 는 '~하지 마라'는 뜻으로 종종 문장 끝에 了 를 붙여 금지, 명령의 의미를 강조합니다.

Búyào
不要
부야오

chōuyān le.
抽烟 了。
쵸우이엔 러

담배 피우지 마.

Bié
別
비에

千万 qiānwàn 은 '절대로' 라는 뜻으로 주로 금지의 문장 앞에 쓰여 강조를 나타냅니다.

Qiānwàn búyào chōuyān le!
千万   不要   抽烟   了!
치엔완   부야오   쵸우이엔 러

절대 담배 피우지 마!

Chapter 07 야, 타!!!

月　日 강의

다양한 교통수단에 관한
표현들을 알아봅니다.

오디오 강의

Nǐ zuò shénme? 你坐什么?

넌 뭐 타니?

Wǒ zuò chē. 我坐车。

난 차를 타.

zuò dìtiě 坐地铁

지하철을 타다

*bāshì 巴士, gōngjiāochē 公交车 라고도 합니다.

zuò gōnggòng qìchē 坐公共汽车

버스를 타다

듣고 표현 따라하기

Tip

〈다양한 교통수단〉
추안 chuán 船 배, 페이지 fēijī 飞机 비행기, 꽁지아오쳐 gōngjiāochē 公交车 버스, 츄주쳐 chūzūchē 出租车 택시, 창투 치쳐 chángtú qìchē 长途汽车 고속버스, 시외버스

니 쭈어 선머 라이더
Nǐ zuò shénme lái de?
你坐什么来的?
넌 뭐 타고 왔니?

- 라이더 → 오다
- 라이더 → ~한 것 (습관적인 표현)

워 스다 띠 라이더
Wǒ shì dǎ dī lái de.
我是打的来的。
난 택시 타고 왔어.

- 스 → 타다
- 띠 → 택시 '的士'의 줄임말
- 라이더 → 과거의 행위를 구체적으로 강조하고자 할 때

Tip

'차를 탄다'고 할 때 쭈어쳐 坐车 라고 말한다고 했는데요. 만일 치쳐 骑车 라고 하면 틀리는 걸까요? 아닙니다. 틀린 건 아닌데, 뜻이 달라집니다. 치쳐 骑车 는 '자전거를 타다'라는 뜻으로, 동사에 따라서 쳐 车 의 종류가 달라집니다.

워 메이티엔 치 쳐 샹빤
Wǒ měitiān qí chē shàngbān.
我每天骑车上班。
난 매일 자전거 타고 출근해.

- 치 → (기마 자세로) 타다
- 쳐 → 출근하다
- 메이티엔 → 매일

워먼 쭈어 후어쳐 취 씨앙강 뤼요우
Wǒmen zuò huǒchē qù Xiānggǎng lǚyóu.
我们坐火车去香港旅游。
우리는 기차 타고 홍콩으로 여행 가.

- 후어쳐 → 기차
- 씨앙강 → 홍콩
- 뤼요우 → 여행

자전거를 타다　qí zìxíngchē　骑自行车

그는 자전거를 탄다.　　　　　Tā qí zìxíngchē.

그는 자전거를 타고 온다.　　　Tā qí zìxíngchē lái.

그는 자전거를 타고 학교에 온다.　Tā qí zìxíngchē lái xuéxiào.

비행기를 타다　zuò fēijī　坐飞机

비행기를 타는 게　　빠르다.

비행기를 타는 게 가장 빠르다.

비행기를 타는 게 가장 빠르지만 너무 비싸다.

Zuò fēijī　　kuài.

Zuò fēijī zuì kuài.

Zuò fēijī zuì kuài, dànshì tài guì.

단어

자전거 zìxíngchē 自行车 | 그러나, 그렇지만 dànshì 但是 | 너무, 몹시 tài 太 | 비싸다 guì 贵

 간단 문법

是……的 속 강조 용법은 是 와 的 사이에 있는 어떤 일이 이미 발생한 과거이며 그 행위가 일어난 시간, 장소, 방식 등을 구체적으로 강조하고자 할 때 쓰입니다.

Nǐ		zuò	shénme lái?		무엇을 타고 오니? (현재 진행)
你		坐	什么 来?		
니		쭈어	션머 라이		

Nǐ	shì	zuò	shénme lái	de?	무엇을 타고 왔니? (진행 완료)
你	是	坐	什么 来	的?	
니	스	쭈어	션머 라이	더	

Wǒ	shì	lái	Běijīng lǚyóu	de.	나는 베이징에 여행을 왔어. (장소 강조)
我	是	来	北京 旅游	的。	
워	스	라이	베이징 뤼요우	더	

이때 是 는 생략하고 的 만 사용하여도 강조의 어기를 갖습니다.

Wǒ	dǎ dī lái	de.	나는 택시를 타고 왔어. (방법 강조)
我	打 的 来	的。	
워	다 띠 라이	더	

중국 사람은 영어를 잘한다?!?

우리나라는 일본과 함께 영어 교육에 가장 많은 투자를 하면서도 실질적으로 그만큼의 효과를 보지 못한다는 오명(?)을 쓰고 있는데, 동북아시아 3국 가운데 유일하게 중국 사람들이 영어를 잘하는 것처럼 보입니다. 게다가 문장 구조나 발음상에서 보면 여러 가지로 중국어가 영어와 유사해 보이기도 하고요. 정말 그럴까요?
공산체제였던 중국을 시장경제체제로 개방해버린 지도자 떵샤오핑 Dēng Xiǎopíng 邓小平의 영어에 관한 일화를 들려드릴까 합니다.

중국 지도자 가운데 맨 처음으로 미국을 방문한 떵샤오핑은 공식 만찬에서 호기심 가득한 미국인들에게 둘러싸였습니다. 미국인들이 가장 궁금했던 건 '떵샤오핑이 영어를 할 줄 아는가' 였지요. 곧 여기저기서 영어로 질문이 쏟아졌습니다.
"미국의 수도가 어딘지 아십니까?"
떵샤오핑은 질문을 잘 듣지 못해서 추측하기를 처음 만났으니 성을 묻겠거니 하고는
"워 씽 떵 (我姓邓! 나는 떵씨 입니다!)"이라고 대답했죠. 그랬더니 미국인들은 떵샤오핑이 영어를 한다며 놀라 웅성거렸습니다. 워 씽 떵을 Washington으로 들은 거죠. 반신반의한 한 미국인이 다시 물었습니다.
"부인께서는 미국에서 뭘 하고 싶어하십니까?"
떵샤오핑은 이번에도 제대로 듣지 못해 생각을 했습니다. 성을 물었으니 이름이 궁금하겠구나 싶어서 자신있고, 당당하게 "샤오핑! (샤오핑이에요)" 했는데, 미국인들은 그것을 shopping으로 알아듣고는 떵샤오핑이 영어를 잘한다고 생각을 했더랍니다.

떵샤오핑은 실제로 영어를 잘했다고 합니다. 중요한 점은 중국인들이 실제로 영어로 잘하느냐 못하느냐는 개인차에 따라 다르겠지만, 공통점은 겁을 내지 않고 일단 자신있게 입을 열어 말한다는 것입니다.
우리나라 사람들은 외국어를 할 때 너무나 쑥스러워합니다. 또 틀릴까봐 말을 쉽사리 꺼내지 못하지요. 말은 할수록 실력이 늘어납니다. 무조건 자신감을 갖고 입을 열면 외국어 실력이 정말 쑥쑥 자랍니다!

Part 04

얘들도
이런 말을 써?

아니! 우리가 쓰는 이런 표현을
얘들도 쓴단 말이야?
입에 착착 붙는 재미있는 표현들을 배워봅시다.

Chapter 01 어휴, 죽겠다!!!

月　日 강의

형용사에 대한 정도를 표현할 때 "죽겠다" 라는 말을 자주 사용합니다. 중국어로 형용사의 정도가 심함을 나타내는 표현들을 알아 봅니다.

오디오 강의

망 스 러 Máng sǐ le. 忙死了。 바빠 죽겠다.
→ 바쁘다　→ 죽겠다

레이 스 러 Lèi sǐ le. 累死了。 힘들어 죽겠다.
→ 피곤하다, 힘들다

하오 지 러 Hǎo jí le. 好极了。 너무 좋다.
→ (극에, 정점에) 다다르다, 이르다

Tip

숫자 4는 쓰 sì 四 라고 했었죠?! 그런데, '죽음, 죽다'란 말이 성조만 다른 쓰 sǐ 死 입니다. 그래서 중국인들에겐 숫자 4는 피해야 하는 숫자이니 꼭 기억해 두세요.

배고프다 → È sǐ le. ← 죽겠다
饿死了。
배고파 죽겠다.

졸리다

Kùn sǐ le.
困死了。
졸려 죽겠다.

Tip

kùn의 발음은 ku(e)n 즉, **쿠언**을 거의 **퀀**처럼 들리게 빠르게 읽으면 좀 더 정확한 발음이 됩니다.

까오씽 지 러
기쁘다 → Gāoxìng jí le.
高兴极了。
매우 즐겁다.

까오씽 스 러
Gāoxìng sǐ le.
高兴死了。
즐거워 죽겠다.

마판 스 러
귀찮다, 번거롭다 ← Máfan sǐ le.
麻烦死了。
귀찮아 죽겠어. 정말 골치 아파.

극에 달하다, 매우 ~하다 jí le 极了

매우 맛있다.	Hǎochī jí le.
요리가 매우 맛있다.	Cài hǎochī jí le.
이 요리가 매우 맛있다.	Zhège cài hǎochī jí le.

극에 달하다, 죽겠다, 매우 ~하다 sǐ le 死了

심심해 죽겠어.

혼자 심심해 죽겠어.

혼자 심심해 죽겠어, 어쩌지?

Wúliáo sǐ le.

Yí ge rén wúliáo sǐ le.

Yí ge rén wúliáo sǐ le, zěnme bàn?

단어

요리 cài 菜 | 기쁘다 gāoxìng 高兴 | 따분하다, 심심하다 wúliáo 无聊 | 어떡해? 어쩌지? zěnme bàn 怎么办

 간단 문법

极了, 死了 는 모두 정도가 매우 심한 상태를 나타내는 표현입니다. 이때 죽겠다고 하는 **死了** 를 사용하는 형용사가 있고, 정도가 극에 달했다는 **极了** 를 사용하는 형용사가 있습니다. 때로는 둘 다 사용하는 것도 있습니다. 특별한 규칙이 있다고 할 수 없고 자주 함께 어울리는 표현이므로 함께 익히는 게 좋습니다.

| Gāoxìng 高兴 | jí le. 极了。 | 매우 기쁘다. |
| | sǐ le. 死了。 | 기뻐 죽겠다. |

Máng 忙		바빠 죽겠다.
	sǐ le. 死了。	
Lèi 累		힘들어 죽겠다.

| Hǎo 好 | jí le. 极了。 | 매우 좋다. |

Chapter 02 휴가 땐 어디 갈까?

月　日 강의

열심히 일한 당신! 어딘가로 훌쩍 떠나보는 건 어때요? 누구와 어디로 떠날지 관련된 표현들을 배워봅니다.

오디오 강의

 MP3-51

니 야오 쭈어 션머
~하려고 하다, ~하길 원하다 / ~하다 / 무엇 (단독으로도 많이 사용해요~)

Nǐ yào zuò shénme? 你要做什么?

넌 뭐 할 거니?

Tip
야오 要 는 '~하려고 하다, ~하길 원하다'라는 뜻으로, 말하는 사람의 하고자 하는 '의지'를 표시합니다. 시앙 想 은 '~하고 싶다'라는 뜻의 '바람'을 나타냅니다. 要 와 想 을 함께 써서 시앙야오 想要 라고도 씁니다.

시앙 취 날
~하고 싶다, ~하길 바라다 / 가다 / 어디

Xiǎng qù nǎr? 想去哪儿?

어디 가고 싶니?

Xiǎng qù Zhōngguó.　想去中国。

중국에 가고 싶어.

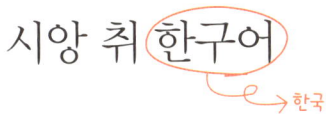

Xiǎng qù Hánguó.　想去韩国。

한국에 가고 싶어.

   Yìqǐ qù.　一起去。 같이 가.

워 야오 취 하이와이 뤼요우

→ 가려고 하다, 가길 원하다 / → 여행하다

Wǒ yào qù hǎiwài lǚyóu.
我要去海外旅游。
난 해외여행 갈 거야.

니 시앙 취 나거 구어지아

→ 어느
→ 가고 싶다, 가길 바라다 / → 국가, 나라

Nǐ xiǎng qù nǎge guójiā?
你想去哪个国家?
어느 나라를 가고 싶어?

워 시앙 취 오우쪼우, 파구어, 이따리 덩덩

→ 유럽 / → 프랑스 / → 이탈리아 / → 기타, 등등, 따위

Wǒ xiǎng qù Ōuzhōu、Fǎguó、Yìdàlì děngděng.
我想去欧洲，法国、意大利等等。
나는 유럽에 가고 싶어. 프랑스、이탈리아 등등.

Tip

긍정+부정을 함께 사용하면 의문문이 됩니다. 그런데 조동사와 동사 둘 다 올 때는 동사를 긍정+부정 형태로 하지 않고 조동사를 긍정+부정 형태로 합니다. '가고 싶다'는 想去不去(X)가 아니고 想不想去(O) 입니다.

니 시앙 부 시앙 껀 워 이치 취

→ ~과/와
→ 함께, 같이
→ 긍정+부정을 함께 사용하면 정반의문문이 된다는 거 잊지 않았죠?

Nǐ xiǎng bu xiǎng gēn wǒ yìqǐ qù?
你想不想跟我一起去?
넌 나랑 같이 가고 싶니?

~하고 싶다 xiǎng 想

가고 싶다	xiǎng qù
어느 나라에 가고 싶니?	xiǎng qù nǎge guójiā?
너희들 어느 나라에 가고 싶니?	Nǐmen xiǎng qù nǎge guójiā?

함께, 같이 yìqǐ 一起

같이 가.	Yìqǐ qù.
너랑 같이 가.	Gēn nǐ yìqǐ qù.
나는 너랑 같이 여행 갈 거야.	Wǒ yào gēn nǐ yìqǐ qù lǚyóu.

간단 문법

要 와 想 은 모두 말하는 사람의 바람, 의지, 소망을 나타냅니다. 조동사의 기능을 갖고 있어 동사의 앞에 위치합니다. 비슷한 의미를 갖지만 要 는 의지를, 想 은 바람을 좀 더 강조합니다.

	조동사	동사		
Nǐ 你	yào 要	zuò 做	shénme? 什么?	넌 뭐 할거니?
Wǒ 我	yào 要	qù 去	lǚyóu. 旅游。	난 여행 갈 거야.

	조동사	동사		
Nǐ 你	xiǎng 想	qù 去	nǎr? 哪儿?	넌 어디 가고 싶어?
Wǒ 我	xiǎng 想	qù 去	Fǎguó. 法国。	난 프랑스에 가고 싶어.

Chapter 03 걘 얼굴이 무기야~

月　日 강의

뭐? 안전하게 생겼다고? 무슨 말이지? 중국어에서 우리말과 비슷한 표현들 중 외모에 대한 비유적인 표현들을 알아봅니다.

오디오 강의

 MP3-54

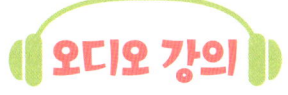

생김새가, 생긴게 → 쟝더
요우니 → 느끼하다

Zhǎngde yóunì.　长得油腻。

느끼하게 생겼어.

쟝더 안취엔
→ 안전하다

Zhǎngde ānquán.　长得安全。

안전하게 생겼어.

Tip

쟝 长 은 뜻이 참 많습니다. 그리고 발음도 두 가지입니다. 우리가 흔히 알고 있는 '길다'라는 뜻일 경우 발음은 **챵 cháng** 입니다.

헌 피아오량 Hěn piàoliang. 很漂亮。 매우 아름답다.
- 강조의 의미 없어요.
- 예쁘다

헌 커아이 Hěn kě'ài. 很可爱。 매우 귀엽다.
- 매우
- 귀엽다

헌 하오칸 Hěn hǎokàn. 很好看。 매우 예쁘다.
- 보기 좋다, 예쁘다

Tip
하오칸 好看 은 사람이나 사물의 아름다움을 표현하기도 하고 영화나 책 등이 재미있다는 표현으로 쓰이기도 합니다.

헌 슈아이 Hěn shuài. 很帅。 아주 잘생겼다.
- 잘생기다, 멋있다
- *남성에게 어울리는 표현입니다.

리얼 발음 듣고 표현 따라하기

MP3-55

나거 한구어 밍씽 슈아이 지 러
- 나거 → 한국 / 인기 연예인
- 지 러 → (극에, 정점에) 다다르다, 이르다

Nàge Hánguó míngxīng shuài jí le!
那个韩国明星帅极了!
그 한국 연예인은 정말 멋있어!

나 즈 시아오거우 쩐 커아이
- 즈 → 마리 (동물을 세는 단위)
- 시아오거우 → 강아지
- 커아이 → 귀엽다
- 쩐 → 정말, 진짜

Nà zhī xiǎogǒu zhēn kě'ài.
那只小狗真可爱。
그 강아지는 정말 귀여워.

쩌거 띠엔잉 헌 하오칸
- 띠엔잉 → 영화
- 헌 → 매우, 정말
- 하오칸 → 보기 좋다

Zhège diànyǐng hěn hǎokàn.
这个电影很好看。
이 영화는 정말 재밌어.

영화가 보기 좋으면 재미있는 거겠죠?

예쁘다, 아름답다　piàoliang　漂亮

더 예쁘다	gèng piàoliang
네가 더 예뻐.	Nǐ gèng piàoliang.
그녀가 예쁘다고? 네가 더 예뻐.	Tā piàoliang? Nǐ gèng piàoliang.

귀엽다　kě'ài　可爱

정말 귀여워요.	Zhēn kě'ài.
딸이 정말 귀엽네요.	Nǚ'ér zhēn kě'ài.
당신 딸은 정말 귀엽네요.	Nín nǚ'ér zhēn kě'ài.

단어

더, 더욱 gèng 更 | 딸 nǚ'ér 女儿

得 는 상태나 행위의 정도를 나타냅니다. '~한 정도'가 얼마큼인지를 표현합니다. 得 뒤에는 정도를 나타내는 형용사나 동사가 옵니다.

Zhǎng 长 생김새		piàoliang. 漂亮。 예쁘다	예쁘다. 예쁘게 생겼다.
Chī 吃 먹는	de 得 (정도가)	kuài. 快。 빠르다	빨리 먹는다.
Hǎo 好 좋은		duō. 多。 많다	많이 좋다. 훨씬 좋다.
Nǐ Hànyǔ shuō 你 汉语 说 중국어 하는		hěn hǎo. 很 好。 잘한다	당신은 중국어를 잘해요.

Chapter 04 누가 언제 뭘 어쨌다고 그래?!!

月　日 강의

육하원칙의 누가, 무엇을, 언제, 어디서, 어떻게, 왜 했냐는 의문사와 그에 맞는 대답을 배웁니다.

오디오 강의

MP3-57

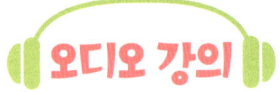

Nǐ shì shéi?　你是谁?

당신은 누구입니까?

션머

shénme　什么

무엇, 뭐

shénme shíhou　什么时候

언제

날

nǎr　哪儿

어디

전머 츠 → 먹다
(방법, 수단을 물을 때) 어떻게

Zěnme chī? 怎么吃?

어떻게 먹어?

웨이션머
단독으로도 많이 쓰여요.
Why? 왜?

Wèishénme? 为什么?

왜?

나 스 션머
Nà shì shénme?
那是什么?
저것은 뭐야?

나 스 슈
Nà shì shū.
那是书。
책이야.

워먼 션머 스허우 찌엔미엔
Wǒmen shénme shíhou jiànmiàn?
我们什么时候见面?
우리 언제 만나?

Tip
의문사 **哪儿**을 뺀 자리에 직업을 넣으면 답변이 됩니다. 짜이 인항 꽁쭈어 Zài yínháng gōngzuò. 在银行工作。 은행에서 일해.

짜이 날 꽁쭈어
Zài nǎr gōngzuò?
在哪儿工作?
어디서 일해?

웨이션머 뿌 츠
Wèishénme bù chī?
为什么不吃?
왜 먹지 않니?

츠 바오 러
Chī bǎo le.
吃饱了。
배불러.

언제 shénme shíhou 什么时候

언제 집에 가니?   Shénme shíhou huí jiā?

우리 언제 집에 가니?   Wǒmen shénme shíhou huí jiā?

우리 언제 집에 가서 쉬어? Wǒmen shénme shíhou huí jiā xiūxi?

어떻게 zěnme 怎么

도서관에 가는데 어떻게 가요?

도서관에 가려는데, 어떻게 가요?

말씀 좀 물을게요, 도서관에 가려는데, 어떻게 가요?

Qù túshūguǎn zěnme zǒu?

Wǒ xiǎng qù túshūguǎn, zěnme zǒu?

Qǐng wèn, wǒ xiǎng qù túshūguǎn, zěnme zǒu?

단어

(집으로) 돌아가다 huíjiā 回家 | 쉬다 xiūxi 休息 | 도서관 túshūguǎn 图书馆 | ~하려고 하다 xiǎng 想 | 여쭙겠습니다 qǐng wèn 请问

 간단 문법

의문사가 있는 의문문에 대한 답변은 아주 간단합니다. 묻는 문장에서 해당 의문사를 뺀 자리를 채우면 됩니다.

Tā zhǎo 他 找	shéi? 谁? 누구를	그는 누구를 찾니?
	péngyou. 朋友。 친구를	그는 친구를 찾아.
Zhè shì 这 是	shénme? 什么? 무엇	이것은 무엇이니?
	yǐzi. 椅子。 의자	이것은 의자야.
Shénme shíhou 什么时候 언제	jiànmiàn? 见 面?	언제 만나?
Xiàxīngqī 下星期 다음 주	jiànmiàn. 见 面。	다음 주에 만나.
Zài 在	nǎr 哪儿 어디	gōngzuò? 工作?	어디서 일해?
	yínháng 银行 은행	gōngzuò. 工作。	은행에서 일해.

Chapter 05 카드로 할게요!

月　日 강의

쇼핑이나 음식점을 이용하고 계산할 때 쓰는 표현들을 배웁니다.

오디오 강의

MP3-60

Kěyǐ yòng xìnyòngkǎ ma?　可以用信用卡吗?

신용카드로 계산해도 되나요?

커이

Kěyǐ.　可以。

가능해요.

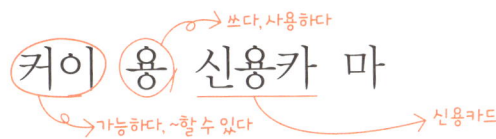

Bù kěyǐ.　不可以。

불가능해요.

커이 커이

Tip

커이 可以 조동사로 동사의 앞에서 '~할 수 있다' 뜻으로 쓰이지만, 단독으로 '좋다' '괜찮다'는 뜻으로도 쓰입니다.

Kěyǐ kěyǐ. 可以可以。

그럼요, 가능하죠, 좋아요.

니 용 씨엔찐 하이스 슈아카
Nǐ yòng xiànjīn háishi shuākǎ?
你用现金还是刷卡？
현금으로 하시겠습니까, 아니면 카드로 하시겠습니까?

- 용 → 쓰다, 사용하다
- 씨엔찐 → 현금
- 하이스 → 또는, 아니면(선택을 나타낸다)
- 슈아카 → 카드로 결재하다

Tip
슈아카 刷卡 shuākǎ 는 카드로 계산한다는 뜻입니다. 보통 우리는 카드를 긋는다. 전철이나 버스를 탈 때는 카드를 찍거나 댄다고 하지만 중국어에서는 편리하게도 모두 슈아 刷 라는 동사만 씁니다.

뿌 하오이스, 워먼 즈 쇼우 씨엔찐
Bù hǎoyìsi, wǒmen zhǐ shōu xiànjīn.
不好意思，我们只收现金。
죄송합니다. 저희는 현금만 받습니다.

- 뿌 하오이스 → 미안하다
- 즈 → 단지, 다만
- 쇼우 → 받다

싱, 싱, 커이 슈아카
Xíng, xíng, kěyǐ shuākǎ.
行，行，可以刷卡。
돼요, 돼요, 카드 됩니다.

- 싱 → ① 좋다, 괜찮다 ② 가다

카드로 계산하다　shuākǎ　刷卡

현금　　　　아니면 카드로 하실래요?

현금으로 하실래요 아니면 카드로 하실래요?

손님, 현금으로 하실래요 아니면 카드로 하실래요?

Xiànjīn háishi shuākǎ?

Nín yòng xiànjīn háishi shuākǎ?

Xiānsheng, nín yòng xiànjīn háishi shuākǎ?

현금　xiànjīn　现金

현금을 받다　　　　　　　　shōu xiànjīn

현금만 받아요.　　　　　　Zhǐ shōu xiànjīn.

우리 점포는 현금만 받아요.　Wǒmen diàn zhǐ shōu xiànjīn.

단어

선생님, 손님 xiānsheng 先生 | 상점, 가게 diàn 店

 간단 문법

선택의문사 **还是** 는 'A **还是** B' A아니면 B로 둘 중 하나의 선택을 말합니다.

| Chūzūchē | | dìtiě? | 택시 아니면 전철? |
| 出租车 | | 地铁? | |

| Nǐ shì hē chá | háishi | hē kāfēi? | 차 마실래요, 아니면 커피 마실래요? |
| 你 是 喝 茶 | 还是 | 喝 咖啡? | |

| Zhège hǎo | | nàge hǎo? | 이게 좋아요, 아니면 저게 좋아요? |
| 这个 好 | | 那个 好? | |

Chapter 06 영어랑 닮았니, 한국어랑 닮았니?

月　日 강의

중국어의 기본 문형은 '주어 + 동사 + 목적어'로 영어와 닮았다고들 합니다. 단면적으로 보면 그렇게 보이지만 중국어를 좀 더 배우다 보면 그렇지 않다는 걸 알 수 있습니다. 재미있는 중국어의 재발견을 해봅시다.

(주어) (동사) (목적어)
워　아이　니
Wǒ　ài　nǐ.　我爱你。
I　love　you.
나는　사랑한다　당신을

Cóng nǎr lái de?　从哪儿来的?
Wher are you from?
어디서 오셨죠? 어느 나라 사람인가요?

Tip

총 날 라이 더 从哪儿来的? 어디서 왔냐는 말에서 어느 나라 사람이냐는 뜻으로 확대되기도 합니다.

콰이 콰이 Kuài kuài! 快快! 빨리 빨리!

싱 부 싱 Xíng bu xíng? 行不行? 돼 안 돼?

싱
→ 좋다, 된다

Xíng! 行!
돼!

뿌 싱

Bù xíng! 不行!
안 돼!

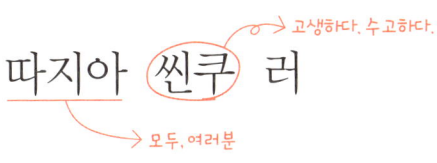

따지아 씬쿠 러
→ 고생하다, 수고하다.
→ 모두, 여러분

Dàjiā xīnkǔ le! 大家辛苦了!
여러분 수고하셨습니다!

Tip
从 cóng 从 은 '~로부터'라는 뜻의 출발점을 가리키는 말로, 영어의 from(전치사)과 같은 뜻입니다.

→ 선생님, 씨(성인 남성에 대한 존칭)

씨엔셩, 닌 스 총 날 라이 더
Xiānsheng, nín shì cóng nǎr lái de?
先生，您是从哪儿来的？
선생님, 당신은 어디에서 오셨어요?

→ '你'의 높임말

→ 이미 발생한 과거이며 장소를 구체적으로 강조할때 쓰여요.

워 스 총 한구어 라이 더
Wǒ shì cóng Hánguó lái de.
我是从韩国来的。
난 한국에서 왔습니다(한국 사람입니다).

→ 조금

워먼 콰이 디얼 바
Wǒmen kuài diǎnr ba.
我们快点儿吧。
우리 좀 서두르자.

← 복수, ~들

→ 문장 맨 끝에 쓰여, 상의·제의·청유·기대·명령 등의 어기를 나타냄

Tip
상대의 의견을 물을 때 문장 끝에 **行不行** 도 좋지만, 좀 더 부드러운 어감을 원한다면 **好不好**를 쓰면 됩니다.
我们看电影，好不好?
우리 영화 보는 거 어때?

→ 영화

워먼 칸 띠엔잉, 하오 부 하오
Wǒmen kàn diànyǐng, hǎo bu hǎo?
我们看电影，好不好？
우리 영화 보는 거 어때?

→ 좋아 안 좋아
→ 어때

어디로부터　cóng nǎr　从哪儿

어디서 왔어요?	Cóng nǎr lái de?
당신은 어디서 왔나요?	Nín shì cóng nǎr lái de?
당신은 어디서 오신 누구십니까?	Nín shì cóng nǎr lái de shénme ren?

어떠한가　hǎo bu hǎo　好不好

영화 보는 　거 어때?

우리 영화 보는 　거 어때?

우리 영화 보러 가는 거 어때?

　　　　　Kàn diànyǐng, hǎo bu hǎo?

Wǒmen　kàn diànyǐng, hǎo bu hǎo?

Wǒmen qù kàn diànyǐng, hǎo bu hǎo?

 간단 문법

중국어가 영어의 어순 혹은 문법과 같은지 살펴보겠습니다. 더불어 우리말과는 같은 점이 없는지 살펴보겠습니다.

Wǒ	ài	nǐ.
我	爱	你。
=	=	=
I	love	you.
나는	사랑합니다	당신을

⇨ 영어와 어순이 같습니다.

Nǐ	shì	cóng	nǎr	lái de?
你	是	从	哪儿	来 的?
≠	≠	≠	≠	≠
당신	입니다	~로 부터	어디	온 것
≠	≠	≠	≠	
Where	are	you		from?

⇨ 우리말과도 영어와도 어순이 같지 않습니다.

Tā	hěn	piàoliang
她	很	漂亮。
=	=	=
그녀는	매우	예쁘다.

⇨ 우리말 어순과 일치합니다.

단어 색인
& 스크립트

단어 색인

ㄱ

간씨에 gǎnxiè	感谢	고맙습니다, 감사합니다
거 ge	个	개 (세는 단위)
거우 gǒu	狗	개
게이 gěi	给	~에게…을 주다
광똥성 Guǎngdōngshěng	广东省	광동성
광똥위 Guǎngdōngyǔ	广东语	광동어
구어 guo	过	…한 적이 있다
구어위 Guóyǔ	国语	국어
구어지아 guójiā	国家	국가, 나라
까오씽 gāoxìng	高兴	기쁘다, 즐겁다
까오씽 스러 gāoxìng sǐle	高兴死了	기뻐 죽겠다
까오씽 지러 gāoxìng jíle	高兴极了	너무 기쁘다
깐 뻬이 gān bēi	干杯	건배, 건배하다
꺼거 gēge	哥哥	형, 오빠
껀 gēn	跟	~와
껑 gèng	更	더욱, 더, 훨씬
꽁공치쳐 gōnggòngqìchē	公共汽车	버스
꽁스 gōngsī	公司	회사, 직장
꽁쭈어 gōngzuò	工作	일, 일하다
꽁찌아오쳐 gōngjiāochē	公交车	버스
꾸어 guò	过	지내다, 경과하다, 보내다.
꾸이 guì	贵	비싸다

ㄴ

나거 nàge	那个	그것, 저것
나거 nǎge	哪个	어느
나리 nǎli	哪里	어디
나리 나리 nǎli nǎli	哪里哪里	천만에요, 별말씀을요
날 nàr	那儿	저기, 거기
날 nǎr	哪儿	어디, 어느 곳
너 ne	呢	~는?
뉘얼 nǚ'ér	女儿	딸
니 nì	腻	기름지다, 느끼하다
니 nǐ	你	너, 당신
니먼 nǐmen	你们	너희들
니엔지 niánjì	年纪	나이, 연령
니우 niú	牛	소
닌 nín	您	당신(존칭)

ㄷ

다 dǎ	打	(세내어)타다
더 de	的	~의
덩 děng	等	기다리다
덩덩 děngděng	等等	기타, 등등
디엔 diàn	店	상점, 가게
디엔 diǎn	点	시
따 dà	大	크다

따당 dādàng	搭档	콤비, 짝꿍
따지아 dàjiā	大家	여러분
딴 dàn	淡	싱겁다
딴스 dànshì	但是	그러나, 그렇지만
떠우 dōu	都	모두, 다, 전부
똥시 dōngxi	东西	물건
뚜어 duō	多	많다, 얼마나, 얼마큼
뚜어 까오 duō gāo	多高	키가 몇입니까
뚜어 따 duō dà	多大	몇 살 입니까
뚜어샤오 duōshao	多少	얼마, 몇
뚜이부치 duìbuqǐ	对不起	미안합니다, 죄송합니다
띠스 dīshì	的士	택시
띠엔잉 diànyǐng	电影	영화
띠티에 dìtiě	地铁	지하철

ㄹ

라 là	辣	맵다
라메이 làmèi	辣妹	섹시한 여자
라오 lǎo	老	오랜, 늙은
라이 lái	来	오다
라이 lái	来	(어떤 동작을) 하다
라이라이 láilai	来来	좀 오시죠, 해보다
량 liǎng	两	2, 둘
러 lè	乐	즐겁다

러 le	了	동작의 완료를 표시하는 말
런스 rènshi	认识	알다, 인식하다
레이 lèi	累	피곤하다
레이 스러 lèi sǐle	累死了	피곤해 죽겠다
롱 lóng	龙	용
루인 lùyīn	录音	녹음, 녹음하다
뤼요우 lǚyóu	旅游	여행하다, 관광하다
리 li	里	안, 속, 내부
리우 liù	六	6, 여섯
리우더화 Liú Déhuá	刘德华	유덕화
링 líng	零	0, 영, 공

ㅁ

마 ma	吗	의문조사
마마 mā(ma)	妈(妈)	엄마
마마먼 māmamen	妈妈们	엄마들
마 má	麻	(옷감) 마
마 mǎ	马	말
마 mà	骂	욕하다
마이 mǎi	买	사다
마이 mài	卖	팔다
마판 máfan	麻烦	번거롭다, 귀찮다
마판 스러 máfan sǐle	麻烦死了	정말 골치 아파
만터우 mántou	馒头	찐빵

단어 색인

망 máng	忙	바쁘다
망 스러 máng sǐle	忙死了	바빠 죽겠다
메이 꽌시 méi guānxi	没关系	괜찮습니다
메이 션머 méi shénme	没什么	아무것도 아닙니다
메이 셜 méi shìr	没事儿	괜찮습니다
메이메이 mèimei	妹妹	여동생
메이요우 méiyǒu	没有	없다
메이티엔 měitiān	每天	매일
밍씽 míngxīng	明星	스타(연예인)
밍쯔 míngzi	名字	이름
밍티엔 míngtiān	明天	내일

ㅂ

바 ba	吧	상의·제의·청유·기대·명령 등의 어기를 나타냄
바오 bǎo	饱	배부르다
바이 bǎi	百	100
바이지우 báijiǔ	白酒	백주, 고량주
바이탕 báitāng	白汤	맑은 국물
번 běn	本	권
베이징 Běijīng	北京	북경
부 씨에 bú xiè	不谢	아닙니다
부 커치 bú kèqi	不客气	별말씀을요, 뭘요
부스 búshì	不是	아니다
부야오 búyào	不要	~하지 말아라
부용 씨에 búyòng xiè	不用谢	감사하긴요
비에 bié	别	~하지 말아라
빠 bā	八	8, 여덟
빠바 bàba	爸爸	아빠
빠바먼 bàbamen	爸爸们	아빠들
빠스 bāshì	巴士	버스
빠오즈 bāozi	包子	만두
빤파 bànfǎ	办法	방법, 수단
빵쥬 bāngzhù	帮助	돕다, 도움
뻬이 bēi	杯	잔, 컵
뿌 bù	不	부정을 나타냄
뿌 하오이스 bù hǎoyìsi	不好意思	미안합니다
삐엔타이 biàntài	变态	변태

ㅅ

샤오 shǎo	少	약간, 잠시, 조금
샹빤 shàngbān	上班	출근하다
샹하이 Shànghǎi	上海	상해
셔 shé	蛇	뱀
션머 shénme	什么	무엇, 뭐
션머 스허우 shénme shíhou	什么时候	언제
션티 shēntǐ	身体	건강, 신체, 몸
성띠아오 shēngdiào	声调	성조

셰이 shéi	谁	누구		싱치리우 xīngqīliù	星期六	토요일
쇼우 shōu	收	받다, 접수하다		싱치싼 xīngqīsān	星期三	수요일
쇼우지 shǒujī	手机	휴대전화		싱치쓰 xīngqīsì	星期四	목요일
쉐이지아오 shuǐjiǎo	水饺	물만두		싱치얼 xīngqī'èr	星期二	화요일
쉐이지아오 shuìjiào	睡觉	잠, 잠자다		싱치우 xīngqīwǔ	星期五	금요일
쉬에씨아오 xuéxiào	学校	학교		싱치이 xīngqīyī	星期一	월요일
슈 shū	书	책		싱치티엔 xīngqītiān	星期天	일요일
슈 shǔ	属	~띠이다		싼 sān	三	3, 셋
슈 shǔ	鼠	쥐		쑤안 suān	酸	시다
슈아이 shuài	帅	멋있다, 잘생기다		쑤안 티엔 쿠 라 suān tián kǔ là	酸甜苦辣	시고 달고 쓰고 맵다, 세상 풍파
슈아카 shuākǎ	刷卡	카드로 결제하다		쑤이 suì	岁	살(나이)
슈어 shuō	说	말하다		쑤이수 suìshù	岁数	연세, 나이
스 shì	是	~이다		쓰 sì	四	4, 넷
스 shí	十	10, 열		씨아싱치 xiàxīngqī	下星期	다음주
시아오 xiǎo	小	작다		씨앙강 Xiānggǎng	香港	홍콩
시아오거우 xiǎogǒu	小狗	강아지		씨에시에 xièxie	谢谢	감사합니다, 고맙습니다
시아오지에 xiǎojie	小姐	아가씨		씨엔성 xiānsheng	先生	선생, Mr.
시앙 xiǎng	想	생각하다		씨엔짜이 xiànzài	现在	지금
시앙 xiǎng	想	~하고 싶다		씨엔찐 xiànjīn	现金	현금
시엔 xián	咸	짜다		씨우시 xiūxi	休息	휴식을 취하다, 쉬다
시환 xǐhuan	喜欢	좋아하다		씬쿠 xīnkǔ	辛苦	수고하다
신용카 xìnyòngkǎ	信用卡	신용카드		씽 xìng	姓	성
싱 xíng	行	좋다, 괜찮다				
싱치 xīngqī	星期	요일, 주				

단어 색인

ㅇ

아 ǎ	啊	놀람의 감탄사
아이 ài	爱	사랑한다, 좋아한다
안취엔 ānquán	安全	안전하다
야오 yào	要	필요하다, 원하다
야오 yào	要	~하고 싶다, ~하려고 하다
양 yáng	羊	양
어 è	饿	배고프다
어 스러 è sǐle	饿死了	배고파 죽겠다
얼 èr	二	2, 둘
얼화인 érhuàyīn	儿化音	얼화음
오우쪼우 Ōuzhōu	欧洲	유럽
완 wàn	万	10,000
요우 yǒu	有	있다
요우 yóu	油	기름, 기름지다
요우니 yóunì	油腻	기름지다, 느끼하다
요우디얼 yǒudiǎnr	有点儿	조금, 약간
용 yòng	用	쓰다, 사용하다
우 wǔ	五	5, 다섯
우랴오 wúliáo	无聊	따분하다, 지루하다, 심심하다
우치엔리엔 Wú Qiànlián	吴倩莲	오천련
우판 wǔfàn	午饭	점심(밥)
워 wǒ	我	나
워먼 wǒmen	我们	우리
원 wèn	问	묻다
원 wěn	吻	뽀뽀하다
웨이션머 wèishénme	为什么	왜
위에 yuè	月	월
위엔 yuán	元	위엔, 화폐 단위
이 yī	一	1, 하나
이거 런 yīge rén	一个人	한 사람, 혼자
이디얼 yìdiǎnr	一点儿	조금, 약간
이따리 Yìdàlì	意大利	이탈리아
이샤 yíxià	一下	한번, 단번, 돌연, 일시, 잠시
이에 yě	也	~도
이즈 yǐzi	椅子	의자
이징 yǐjing	已经	이미, 벌써
이치 yìqǐ	一起	같이, 함께
이푸 yīfu	衣服	옷, 의복
인항 yínháng	银行	은행
잉시옹 번 써 yīngxióng běnsè	英雄本色	영웅본색

ㅈ

쟈오 zhǎo	找	찾다
쟝더 zhǎngde	长得	생김새가, 생긴게
전머 zěnme	怎么	어떻게
전머 빤 zěnme bàn	怎么办	어쩌지
주어티엔 zuótiān	昨天	어제

쥐엔셔인 juǎnshéyīn	卷舌音	권설음
쥬 zhū	猪	돼지
즈 zhǐ	只	(작은 동물을 세는 말) 마리
즈 zhǐ	只	다만, 단지
지 jī	鸡	닭
지 jǐ	几	얼마, 몇
지 jí	极	최고의, 극도의
지아 jiā	家	집
지아오즈 jiǎozi	饺子	찐만두
지엔지아오 jiānjiǎo	煎饺	튀긴 만두
지엔티즈 jiǎntǐzì	简体字	간체자
지우 jiǔ	九	9, 아홉
지우 jiǔ	酒	술
지우양 지우양 jiǔyǎng jiǔyǎng	久仰久仰	말씀 많이 들었습니다
진니엔 jīnnián	今年	올해
진티엔 jīntiān	今天	오늘
짜이 zài	在	~에서
짜이 zài	再	다시, 다시는
짜이찌엔 zàijiàn	再见	안녕, 잘 가요.
쩌거 zhège	这个	이, 이것
쩌리 zhèli	这里	여기
쩐 zhēn	真	참, 정말
쩔 zhèr	这儿	여기
쭈어 zuò	坐	앉다
쭈어 zuò	坐	(교통수단을)타다
쭈어 zuò	做	~을 하다
쭈이 zuì	醉	취하다
쭈이 zuì	最	최고, 가장
쫑구어 Zhōngguó	中国	중국
쫑구어 런 Zhōngguó rén	中国人	중국인
쫑구어위 Zhōngguóyǔ	中国语	중국어
쯔싱쳐 zìxíngchē	自行车	자전거
찌아오 jiào	叫	~라고 불리다, 부르다
찌앙요우 jiàngyóu	酱油	간장
찌엔 jiàn	件	벌(옷 세는 단위)
찌엔따오 jiàndào	见到	만나다
찌엔미엔 jiànmiàn	见面	만나다
찐 jìn	进	들어오다
찡 jìng	敬	공손하게 올리다

챠 chá	茶	차
챠이 cài	菜	음식, 요리
챵투치쳐 chángtúqìchē	长途汽车	장거리 버스, 시외버스
챠오스 chāoshì	超市	슈퍼마켓
쳐 chē	车	차
총 cóng	从	~에서(기점), ~부터
쵸우이엔 chōuyān	抽烟	담배 피우다

단어 색인

추안 chuán	船	배
추츠 chūcì	初次	처음
취 qù	去	가다
츄주처 chūzūchē	出租车	택시
츠 chī	吃	먹다
츠 cì	次	차례, 번, 회
츠추 chīcù	吃醋	질투하다
츠쿠 chīkǔ	吃苦	고생하다
치 qī	七	7, 일곱
치 qí	骑	(기마 자세로)타다
치스싼 qīshísān	七十三	73, 일흔셋
치엔 qián	钱	돈
치엔 qiān	千	1,000
치엔완 qiānwàn	千万	절대로
칭 qǐng	请	(~에게) 요청하다, 부탁하다
칭 원 qǐng wèn	请问	말씀 좀 묻겠습니다
칭커 qǐngkè	请客	접대하다. 한턱 내다

ㅋ

카 kǎ	卡	카드
카페이 kāfēi	咖啡	커피
칸 kàn	看	보다
커아이 kě'ài	可爱	귀엽다
커이 kěyǐ	可以	가능하다, ~할 수 있다
콰이 kuài	快	빨리
콰이 kuài	块	위엔, 화폐 단위
콰이 치엔 kuài qián	块钱	위안, 위엔
쿠 kǔ	苦	쓰다
쿤 kùn	困	졸리다
쿤 스러 kùn sǐle	困死了	졸려 죽겠다

ㅌ

타 tā	他	그 남자
타 tā	她	그 여자
타먼 tāmen	他们	그들, 그 사람들
타먼 tāmen	她们	그녀들
타이 tài	太	너무
타이완 Táiwān	台湾	대만
타이타이 tàitai	太太	부인, 아주머니, 여사
탕 tāng	汤	국
탕 táng	糖	설탕
탕 tǎng	躺	눕다
탕 tàng	烫	뜨겁다, 데다
탕후루 tánghúlu	糖葫芦	설탕 과일 꼬치
투 tù	兔	토끼
투슈관 túshūguǎn	图书馆	도서관
티엔 tián	甜	달다
티엔 창 띠 지우 tiān cháng dì jiǔ	天长地久	천장지구

팅 tīng	听	듣다

ㅍ

파구어 Fǎguó	法国	프랑스
판 fàn	饭	밥, 식사
판디엔 fàndiàn	饭店	식당
판티즈 fántǐzì	繁体字	번체자
팡 fàng	放	넣다
펑요우 péngyou	朋友	친구
펑요우먼 péngyoumen	朋友们	친구들
페이지 fēijī	飞机	비행기
페이챵 fēicháng	非常	매우, 아주
푸무 fùmǔ	父母	부모님
푸퉁화 pǔtōnghuà	普通话	표준어
피아오 piào	票	표, 티켓
피아오량 piàoliang	漂亮	예쁘다, 아름답다
피엔이 piányi	便宜	싸다
피지우 píjiǔ	啤酒	맥주

ㅎ

하오 hǎo	好	좋다
하오 hào	号	(날짜를 세는 단위) 일
하오 지러 hǎo jíle	好极了	너무 좋다
하오 지우 부 찌엔 hǎo jiǔ bú jiàn	好久不见	오랜만이에요.
하오마 hàomǎ	号码	번호
하오츠 hǎochī	好吃	맛있다
하오칸 hǎokàn	好看	예쁘다, 잘 생겼다
하이스 háishi	还是	아니면
하이와이 hǎiwài	海外	해외
한구어 Hánguó	韩国	한국
한구어위 Hánguóyǔ	韩国语	한국어
한위 Hànyǔ	汉语	중국어
한주 Hànzú	汉族	한족
허 hē	喝	마시다
허우 hóu	猴	원숭이
헌 hěn	很	매우, 아주, 잘
홍지우 hóngjiǔ	红酒	포도주
홍탕 hóngtāng	红汤	매운 국물
황진 따당 huángjīn dādàng	黄金搭档	황금콤비
후 hǔ	虎	호랑이
후어구어 huǒguō	火锅	중국식 샤브샤브
후어쳐 huǒchē	火车	기차
후이 huì	会	~할 수 있다
후이 지아 huí jiā	回家	집으로 돌아가다, 귀가하다

단어 색인 **141**

스크립트

Part 02 말! 말! 말!

01 한번 해봐!
　　　一本书
　　看了一本书。
我看了一本书。

　　　听了一次。
　　听了一次录音。
他听了一次录音吗?

　　想一个
　　想一个办法。
请想一个办法吧。

02 좀 해주세요, 네?
请给我　　　好吗?
请给我　那个好吗?
请给我看看那个好吗?

　　在这儿抽烟。
不要在这儿抽烟。
请不要在这儿抽烟。

03 올 거야, 말 거야?
我去。
我去　　吃饭。
我去饭店吃饭。

我来　　吧。
我来买　吧。
我来买票吧。

04 사랑한다, 친구들~
你们去。
你们去哪儿?
你们去哪儿吃饭?

我们去。
我们去台湾。
我们去台湾旅游。

05 여기? 저기? 도대체 어디?!!
　　在哪儿?
妹妹在哪儿?
你妹妹在哪儿?

　　在家里。
哥哥在家里。
他哥哥在家里。

06 얼마라고요?
　　太贵了。
这个太贵了。
这个太贵了, 便宜一点儿。

我　　去　　买东西。
我　　去超市买东西。
我每天去超市买东西。

07 며칠이야?
　　　是多少?
　　号码是多少?
手机号码是多少?

　　几号
　几月几号?
明天几月几号?

昨天星期一。
今天星期二。
明天星期三。

Part 03 말! 말! 말!

01 친구야, 별일 없나?
　　　身体好吗?
你　　身体好吗?
你父母身体好吗?

　　吃　饭了吗?
你吃　饭了吗?
你吃午饭了吗?

02 반갑습니다!
　　叫　什么　呢?
我叫你什么　呢?
我叫你什么好呢?

　　　　　　很高兴。
见到你　　很高兴。
见到你我也很高兴。

03 저기, 연세가 어떻게…?
我属鼠。
我属牛。
我属虎。
我属兔。
我属龙。
我属蛇。
我属马。

我属羊。
我属猴。
我属鸡。
我属狗。
我属猪。

04 쌩유~!
非常感谢。
非常感谢您。
非常感谢您的帮助。

不用谢。
不用谢我。
您不用谢我。

05 어우~ 느끼해!
　　太咸了。
这个菜太咸了。
这个菜太咸了，要淡一点儿的。

　　淡一点儿
吃淡一点儿的。
吃淡一点儿的好。

06 한잔 받으시죠~
喝　　白酒。
喝中国白酒。
我喜欢喝中国白酒。

不要　喝酒了。
不要再喝酒了。
你已经喝醉了，不要再喝酒了。

07 야, 타!!!
他骑自行车。
他骑自行车来。
他骑自行车来学校。

坐飞机　快。
坐飞机最快。
坐飞机最快，但是太贵。

Part 04 말! 말! 말!

01 어휴, 죽겠다!!!
　　好吃极了。
　菜好吃极了。
这个菜好吃极了。

　　无聊死了。
一个人无聊死了。
一个人无聊死了，怎么办?

02 휴가 땐 어디 갈까?
　　想去
　想去哪个国家?
你们想去哪个国家?

　　　一起去。
　跟你一起去。
我要跟你一起去旅游。

03 걘 얼굴이 무기야
　　更漂亮
　你更漂亮。
她漂亮? 你更漂亮。

　　真可爱。
　女儿真可爱。
您女儿真可爱。

04 누가 언제 뭘 어쨌다고 그래?!!!
　什么时候回家?
我们什么时候回家?
我们什么时候回家休息?

　　去图书馆 怎么走?
　我想去图书馆，怎么走?
请问，我想去图书馆，怎么走?

05 카드로 할게요!
　　现金还是刷卡?
　您用现金还是刷卡?
先生，您用现金还是刷卡?

　　收现金
　只收现金。
我们店只收现金。

06 영어랑 닮았니, 한국어랑 닮았니?
　从哪儿来的?
您是从哪儿来的?
您是从哪儿来的什么人?

　　看电影，好不好?
我们　看电影，好不好?
我们去看电影，好不好?